Piekło

„[W piekle] gdzie robak ich nie umiera i ogień nie gaśnie.
Bo każdy ogniem będzie posolony."
(Mar. 9,48-49)

Piekło

Dr. Jaerock Lee

PIEKŁO autor Dr. Jaerock Lee

Opublikowano przez Urim Books (Reprezentant: Kyungtae Noh)
361-66, Shindaebang-Dong, Dongjak-Gu, Seoul, Korea
www.urimbooks.com

Wszelkie prawa zastrzeżone. Żadna część niniejszej publikacji nie może być reprodukowana, przechowywana jako źródło danych i przekazywana w jakiejkolwiek formie zapisu bez pisemnej zgody wydawcy.

O ile nie zaznaczono inaczej, wszelkie cytaty pochodzą z Biblii Tysiąclecia ® 1960, 1962, 1963, 1968, 1971, 1972, 1973, 1975, 1977, 1995. Wykorzystane za zgodą.

Copyright © 2017 Dr. Jaerock Lee
ISBN: 979-11-263-0386-1 03230
Tłumaczenie na język angielski © 2012 Dr. Esther K. Chung. Użyte za zgodą tłumacza.

Wcześniej opublikowane w języku koreańskim przez Urim Books w 2002

Pierwsze wydanie listopad 2017

Edycja: Dr. Geumsun Vin
Projekt: Editorial Bureau of Urim Books
Wydrukowano przez Yewon Printing Company
Kontakt: urimbook@hotmail.com

Przedmowa

Mam nadzieję, że niniejsza książka posłuży jako chleb życia, który zaprowadzi wielu ludzi do nieba, pozwalając im zrozumieć miłość Boga, który pragnie, aby wszyscy ludzie otrzymali zbawienie…

W dzisiejszych czasach, kiedy ludzie słyszą o niebie lub piekle, większość z nich reaguje negatywnie, mówiąc: „Jakże mogę wierzyć w coś takiego w czasach naukowej cywilizacji?" „Czy byłeś kiedykolwiek w piekle lub niebie?" lub „Dowiesz się dopiero po śmierci."

Musisz wiedzieć już teraz, że jest życie po śmierci. Kiedy wydasz z siebie ostatni oddech, będzie już za późno. Kiedy zakończysz swoje życie na ziemi, nigdy więcej nie będziesz miał możliwości przeżyć go ponownie. Czeka cię jedynie sąd Boży, podczas którego zbierzemy to, co zasialiśmy.

W Biblii Bóg odkrył przed nami drogę zbawienia, istnienie

nieba i piekła oraz informacje, że sąd odbędzie się zgodnie ze słowem Bożym. Bóg zamanifestował wspaniałe działanie swojej mocy przez wielu starotestamentowych proroków oraz przez osobę Jezusa.

Nawet w dzisiejszych czasach, Bóg pokazuje nam, że jest Bogiem żywym oraz potwierdza prawdziwość Biblii poprzez cuda, znaki oraz cudownie działanie swojej mocy zapisane w Biblii przez najbardziej lojalnych i wiernych sług Bożych. Pomimo obfitych dowodów Jego działania, nadal są ludzie, którzy nie wierzą. Dlatego Bóg pokazał swoim dzieciom piekło i niebo oraz zachęca ich, aby obserwowali to, co dzieje się na świecie.

Bóg miłości w szczegółach odkrył przede mną niebo i piekło oraz zachęcił mnie do przekazania Jego wiadomości o tym, że powtórne przyjście Chrystusa jest bliskie całemu światu.

Kiedy głoszę poselstwo Boże na temat piekła, mogę obserwować, że duża część zgromadzenia w moim kościele drży i płacze z powodu tych, którzy cierpią ukarani w piekle.

Potępione dusze znajdują się w piekle jedynie do momentu wielkie sądu. Po zakończeniu sądu, potępieni zostaną wrzuceni do jeziora ognistego lub jeziora siarki. Kary w jeziorze ognistym lub w jeziorze siarki są o wiele gorsze niż w piekle.

Piszę to, co Bóg przede mną odkrył dzięki natchnieniu Ducha Świętego i w oparciu o Słowo Boże. Niniejsza książka może zostać nazwana wiadomością pełną szczerej miłości od naszego Boga Ojca, który pragnie zbawić od grzechu tak wiele ludzi, jak to możliwe, uświadamiając im wystarczająco wcześnie

Przedmowa

niekończące się cierpienie, czekające na potępionych w piekle.

Bóg podarował swojego jedynego syna, aby umarł na krzyżu, by ocalić człowieka. On pragnie zapobiec, aby ktokolwiek znalazł się w piekle. Bóg ceni jedną duszę bardziej niż cały świat i dlatego jest niezwykle uradowany oraz świętuje z aniołami i cherubami w niebie, kiedy uda się uratować choćby jedną duszę dzięki wierze.

Oddaję chwałę oraz dziękuję Bogu, który doprowadził do opublikowania niniejszej książki. Drogi czytelniku, mam nadzieję, że zrozumiesz charakter Boga, który nie chce stracić ani jednego człowieka oraz że zyskasz prawdziwą wiarę. Co więcej, zachęcam cię, abyś głosił ewangelię wszystkim ludziom wokół ciebie, które w przeciwnym razie będą zmierzały do piekła.

Dziękuję również wydawnictwu Urim Book oraz pracownikom, łącznie z Geumsun Vin, dyrektorowi biura. Mam nadzieję, że wszyscy czytelnicy uświadomią sobie fakt, że istnieje życie wieczne po śmierci oraz, że odbędzie się sąd, po którym zbawienie otrzymają zbawienie.

Jaerock Lee

Wstęp

Modlę się, aby niezliczona liczba osób zrozumiała okrucieństwo piekła, żałowała za grzechy, zawróciła z drogi śmierci i dostąpiła zbawienia...

Duch Święty zainspirował doktora Jaerocka Lee, starszego pastora Centralnego Kościoła Manmin. Pastor otrzymał poselstwo na temat życia po śmierci oraz okrucieństwa piekła. Zebraliśmy jego poselstwo i opublikowaliśmy w formie książki pt. „Piekło" tak, aby wielu ludzi mogło dowiedzieć się o piekle w jasny i dokładny sposób. Oddaję chwałę oraz dziękuję Bogu za wszystko, co dla nas robi.

Wielu ludzi w dzisiejszych czasach ma pytania dotyczące życia po śmierci, jednak nie możemy otrzymać odpowiedzi z powodu naszych ograniczonych możliwości. Niniejsza książka zawiera żywy i wszechstronny opis piekła, które zostało nam opisane w Biblii. Książka składa się z dziewięciu rozdziałów.

Wstęp

Rozdział 1 pt. „Czy naprawdę istnieje niebo i piekło?" obrazuje ogólną strukturę nieba I piekła. Poprzez przypowieść o bogaczu i łazarzu zapisaną w Ewangelii Łukasza 16, opisane są wyższy grób, gdzie oczekują zbawieni z czasów Starego Testamentu oraz niższy grób, gdzie cierpią potępieni aż do momentu Wielkiego Sądu.

W 2 rozdziale pt. „Droga zbawienia dla tych, którzy nigdy nie słyszeli ewangelii" omówiony został sąd nad sumieniem. Opisuje również poszczególne kryteria sądu w wielu przypadkach: płód, który nie narodził się z powodu aborcji lub poronienia, dzieci do piątego roku życia oraz dzieci od szóstego roku życia do wieku nastoletniego.

Rozdział 3 pt. „Niższy Grób oraz tożsamość posłańców piekła" opisuje przedsionek do niższego grobu. Po śmierci ludzi przebywają w przedsionku do Niższego Grobu przez trzy dni, a następnie zostają wysłani do różnych miejsc w Niższym Grobie zgodnie z ich grzechami oraz są prześladowani aż do dnia sądu. Wyjaśniona jest także tożsamość złych duchów, które panują w niższym grobie.

Rozdział 4 pt. „Kary w Niższym Grobie dla potępionych dzieci" opowiada o tym, że nawet niektóre dzieci, które nie potrafią rozróżnić dobra od zła nie otrzymają zbawienia. Dzieci z różnych grup wiekowych otrzymują różnego rodzaju kary: kary dla płodów oraz noworodków, dla małych dzieci, dla dzieci w wieku 3-5 lat oraz dla dzieci w wieku 6-12 lat.

Rozdział 5 pt. „Kary dla ludzi, którzy zmarli po osiągnięciu wieku dojrzewania" wyjaśnia kwestie kar dla ludzi, którzy osiągnęli wiek dojrzewania lub przekroczyli go. Kary dla osób w wieku powyżej 13 lat są podzielone na cztery poziomy zgodnie z ich grzechami. Im gorszych grzechów się dopuścili, tym gorsze czekają ich kary.

Rozdział 6 pt. „Kary za bluźnierstwo przeciwko Duchowi Świętemu" przypomina czytelnikom o tym, że jak napisano w Biblii, są pewne niewybaczalne grzechy, za które nie można żałować. Rozdział opisuje również różne rodzaje kar, podając szczegółowe przykłady.

Rozdział 7 pt. „Zbawienie w okresie wielkich prześladowań" ostrzega nas, że żyjemy w czasach ostatecznych oraz, że bliskie jest przyjście Jezusa. Niniejszy rozdział wyjaśnia szczegółowo, co stanie się zaraz przed przyjściem Jezusa oraz, że ludzie, którzy przechodzą prześladowania mogą dostąpić zbawienia jedynie przez męczeństwo. Zachęca również do przygotowania się jako piękna oblubienica Pana Jezusa, abyś mógł wziąć udział w siedmioletnim przyjęciu weselnym oraz został porwany do nieba wraz ze zbawionymi.

Rozdział 8 pt. „Kary w piekle po Dniu Sądu" opisuje Dzień Sądu po zakończeniu okresu tysiąclecia oraz, w jaki sposób potępieni zostaną przeniesieni z Niższego Grobu do piekła, a także różne kary, których doświadczą oraz los złych duchów i ich kary.

Rozdział 9 pt. „Dlaczego Bóg miłości musiał przygotować piekło?" opisuje wielką miłość Bożą, która została zademonstrowana poprzez ofiarę Jego jedynego syna na krzyżu. Ostatni rozdział wyjaśnia szczegółowo, dlaczego Bóg miłości musiał przygotować piekło.

„Piekło" zachęca również do zrozumienia miłości Boga, który pragnie, aby wszystkie dusze otrzymały zbawienie oraz zachowały czują wiarę. „Piekło" kończy się zachętą do prowadzenia także innych osób drogą zbawienia.

Bóg jest pełen łaski oraz współczucia i miłości. Dzisiaj Bóg czeka na wszystkie zgubione dusze, aby porzuciły grzech i kroczyły drogą zbawienia. Jego serce jest dokładnie takie, jak serce ojca, który oczekiwał na powrót swojego marnotrawnego syna.

Dlatego, mam nadzieję, że niezliczona liczba dusz na całym świecie zrozumie oraz uświadomi sobie okrucieństwo piekła, które w rzeczywistości istnieje i szybko powróci do Boga. Modlę się w imieniu Jezusa, aby wszyscy wierzący w Pana zachowali czujność i byli przygotowani, oraz prowadzili wielu ludzi do nieba.

Geumsun Vin
Dyrektor Biura Wydawniczego

Spis treści

Przedmowa

Wstęp

Rozdział 1 –

Czy naprawdę istnieje niebo i piekło? • 1

Piekło i niebo naprawdę istnieją
Przypowieść o bogaczu i Łazarzu
Struktura nieba i piekła
Wyższy grób oraz Raj
Niższy grób, przedsionek do piekła

Rozdział 2 –

Droga zbawienia dla tych, którzy nigdy nie słyszeli ewangelii • 25

Sąd na sumieniem
Dzieci nienarodzone w powodu aborcji lub poronienia
Dzieci w wieku do 5 lat
Dzieci w wieku od 6 lat do wieku dojrzewania
Czy Adam i Ewa są zbawieni?
Co stało się z pierwszym mordercą, Kainem?

Rozdział 3 –

Niższy Grób oraz tożsamość posłańców piekła • 57

Posłańcy piekła zabierają ludzi do niższego grobu
Przedsionek do świata złych duchów
Różne kary za różne grzechy wymierzane w niższym grobie
Lucyfer władcą niższego grobu
Tożsamość posłańców piekła

Rozdział 4 –

Kary w Niższym Grobie dla potępionych dzieci • 73

Płody oraz noworodki
Małe dzieci
Dzieci, które potrafią chodzić i mówić
Dzieci od 6-12 roku życia
Młodzież, która wyśmiała proroka Eliasza

Rozdział 5 –

Kary dla ludzi, którzy zmarli po osiągnięciu wieku dojrzewania • 89

Pierwszy poziom kary
Drugi poziom kary
Kara dla faraona
Trzeci poziom kary
Kara dla Poncjusza Piłata
Kara dla Saula, pierwszego króla Izraela
Czwarty poziom kary dla Judasza Iskarioty

Rozdział 6 –

Kary za bluźnierstwo przeciwko Duchowi Świętemu • 133

Cierpienie w gotującym się płynie
Wspinaczka po prostopadłym klifie
Usta wypalone rozgrzanym żelazem
Olbrzymie maszyny do tortur
Przywiązani do pnia drzewa

Rozdział 7 –

Zbawienie w okresie wielkich prześladowań • 161

Przyjście Jezusa i porwanie zbawionych do nieba
Siedmioletnie prześladowania
Męczeństwo podczas wielkich prześladowań
Drugie przyjście Chrystusa oraz tysiąclecia
Przygotowanie, aby stać się oblubienicą Pana

Rozdział 8 –

Kary w piekle po Dniu Sądu • 185

Potępieni zostaną wrzuceni do piekła po dniu sądu
Jezioro ognia i siarki
Niektórzy pozostaną w Niższym Grobie aż do dnia sądu
Złe duchy wrzucone do otchłani
Gdzie skończą demony?

Rozdział 9 –

Dlaczego Bóg miłości musiał przygotować piekło • 219

Boża miłość i cierpliwość
Dlaczego Bóg miłości musiał przygotować piekło?
Bóg pragnie, aby wszyscy otrzymali zbawienie
Odważne głoszenie ewangelii

Rozdział 1

Czy naprawdę istnieje niebo i piekło?

Piekło i niebo naprawdę istnieją

Przypowieść o bogaczu i Łazarzu

Struktura nieba i piekła

Wyższy grób oraz Raj

Niższy grób, przedsionek do piekła

„On im odpowiedział:
Wam dano poznać tajemnice królestwa
niebieskiego, im zaś nie dano."
- Mateusza 13,11 -

„Jeśli twoje oko jest dla ciebie powodem grzechu,
wyłup je; lepiej jest dla ciebie jednookim wejść
do królestwa Bożego, niż z dwojgiem oczu być
wrzuconym do piekła."
- Marka 9,47 -

Czy naprawdę istnieje niebo i piekło?

Większość ludzi wokół nas obawia się śmierci i żyje w strachu oraz lęku przed utratą życia. Jednakże nie szukają Boga, ponieważ nie wierzą w życie po śmierci. Co więcej, wielu ludzi, którzy wyznają swoją wiarę w Chrystusa, często upadają w swojej wierze. Z powodu głupoty ludzie wątpią i nie wierzą w życie po śmierci, pomimo że Bóg odkrył przed nami informacje na temat życia po śmierci, nieba oraz piekła w Biblii.

Życie po śmierci jest niewidzialnym światem duchowym. Dlatego ludzie nie są w stanie uchwycić go, dopóki Bóg nie pozwoli im go poznać. Jak wielokrotnie zapisano w Biblii, niebo i ziemia z pewnością istnieją. Dlatego Bóg pokazał niebo i piekło wielu osobom na świecie i posłał ich z tą nowiną do wszystkich krańców świata.

„Niebo i piekło z pewnością istnieją."

„Niebo jest pięknym i fascynującym miejscem, podczas gdy piekło jest obrzydliwym i pełnym okrucieństwa miejscem, którego nie jesteś w stanie sobie wyobrazić. Mocno zachęcam was, abyście uwierzyli w istnienie życie po śmierci."

„To zależy od ciebie, czy pójdziesz do nieba czy do piekła. Aby nie znaleźć się w piekle, powinieneś żałować za swoje grzechy i przyjąć Jezusa."

„Piekło z pewnością istnieje. Jest miejscem, gdzie ludzie cierpią w ogniu na wieki. Prawdą jest również, że istnieje niebo. Niebo może być twoim stałym miejscem zamieszkania."

Bóg miłości przekazywał mi wiele informacji na temat nieba od maja 1984 roku. Od marca 2000 zaczął również wyjaśniać mi kwestie piekła. Poprosił mnie, aby przekazywał informację, których się dowiadywałem o niebie i piekle innym ludziom na całym świecie, aby nikt nie został ukarany w jeziorze ognia lub siarki.

Pewnego razu Bóg pokazał mi pewną osobę, która cierpiała i lamentowała z żalu w niższym grobie, gdzie znajdują się wszyscy skazani na piekło i oczekujący na śmierć. Ten człowiek odmówił przyjęcia Pana, pomimo wielu możliwości, które miał do słuchania ewangelii, a więc w końcu został zrzucony do piekła. Oto jego wyznanie:

Liczę dni.
Liczę, liczę i liczę, jednak wydają się bez końca.
Powinienem był spróbować przyjąć Jezusa
Kiedy inni mówili mi o nim.
Co powinienem zrobić?

To zupełnie bez sensu, nawet jeżeli teraz będę żałował.
Nie wiem, co teraz robić.
Chcę uciec przed tym cierpieniem,
Jednak nie wiem, jak tego dokonać.

Liczę jeden dzień, dwa dni i trzy dni.
Jednak nawet, gdy liczę dni,
Wiem, że to nie ma sensu.
Moje serce jest rozdarte.

Co robić? Co robić?
Jak mogę się uwolnić od tego bólu?
Co mogę zrobić? Och, moja biedna dusza!
Jakże mogę to znieść?

Piekło i niebo naprawdę istnieją

W Liście do Hebrajczyków 9,27 napisano: *„A jak postanowione ludziom raz umrzeć, a potem sąd."* Ostatecznym losem wszystkich kobiet i mężczyzn jest śmierć. Kiedy wydadzą ostatni oddech, po sądzie wejdą do piekła lub do nieba.

Bóg pragnie, aby wszyscy weszli do nieba, ponieważ jest Bogiem miłości. Bóg przygotował Jezusa przed początkiem czasu oraz otwarł drzwi do zbawienia ludzkości. Bóg pragnie ustrzec każdego przed piekłem.

W Liście do Rzymian 5,7-8 napisano, że: *„A [nawet] za człowieka sprawiedliwego podejmuje się ktoś umrzeć tylko z największą trudnością. Chociaż może jeszcze za człowieka życzliwego odważyłby się ktoś ponieść śmierć. Bóg zaś okazuje nam swoją miłość [właśnie] przez to, że Chrystus umarł za nas, gdyśmy byli jeszcze grzesznikami."* Bóg zademonstrował swoją miłość do nas, ofiarując swojego jedynego syna.

Drzwi zbawienia są szeroko otwarte, aby każdy, kto przyjmuje Jezusa jako swojego osobistego Zbawiciela został zbawiony i wszedł do nieba. Jednakże, większość ludzi nie jest zainteresowanych niebem i piekłem, nawet będąc świadomymi ich istnienia. Co więcej, niektórzy z nich prześladują tych, którzy głoszą ewangelię.

Najsmutniejsze jest to, że ludzie, którzy twierdzą, że wierzą w Boga nadal kochają ten świat i grzeszą, ponieważ nie mają prawdziwej nadziei na niebo ani nie obawiają się piekła.

Świadectwa świadków oraz Biblii

Niebo i piekło należą do duchowej rzeczywistości, która naprawdę istnieje. Biblia wspomina wielokrotnie o istnieniu nieba i piekła. Ci, którzy byli w niebie lub piekle również składają swoje świadectwa. Na przykład, w Biblii Bóg mówi nam o tym, jak paskudne jest piekło, abyśmy mogli zyskać wieczne życie w niebie zamiast zostać wrzuconymi do piekła na wieczną śmierć.

Jeśli twoja ręka jest dla ciebie powodem grzechu, odetnij ją; lepiej jest dla ciebie ułomnym wejść do życia wiecznego, niż z dwiema rękami pójść do piekła w ogień nieugaszony. I jeśli twoja noga jest dla ciebie powodem grzechu, odetnij ją; lepiej jest dla ciebie, chromym wejść do życia, niż z dwiema nogami być wrzuconym do piekła. Jeśli twoje oko jest dla ciebie powodem grzechu, wyłup je; lepiej jest dla ciebie jednookim wejść do królestwa Bożego, niż z dwojgiem oczu być wrzuconym do piekła, gdzie robak ich nie umiera i ogień nie gaśnie. Bo każdy ogniem będzie posolony (Mar. 9,43-49).

Ci, którzy byli w piekle byli świadkami tego, co opisuje Biblia. W piekle „*robak ich nie umiera i ogień nie gaśnie. Bo każdy ogniem będzie posolony.*"

To jasne jak kryształ, że po śmierci człowiek trafia do nieba lub piekła, jak napisano w Biblii. Dlatego, powinniśmy wejść do nieba, żyjąc zgodnie ze słowem Bożym, wierząc w istnienie nieba i piekła w swoim umyśle.

Nie powinniśmy lamentować i żałować tak, jak dusza wspomniana powyżej, cierpiąca bez końca w grobie, ponieważ odrzuciła Jezusa pomimo możliwości oraz słuchania ewangelii.

W Ewangelii Jana 14,11-12 Jezus mówi: „*Wierzcie Mi, że Ja jestem w Ojcu, a Ojciec we Mnie. Jeżeli zaś nie – wierzcie przynajmniej ze względu na same dzieła. Zaprawdę, zaprawdę, powiadam wam: Kto we Mnie wierzy, będzie także dokonywał tych dzieł, których Ja dokonuję, owszem, i większe od tych uczyni, bo Ja idę do Ojca.*"

Możesz rozpoznać, czy dana osoba jest dzieckiem Bożym, jeśli towarzyszą jej potężne działa, które leżą poza ludzkimi możliwościami, oraz może potwierdzić, że jej przesłanie jest w pełni zgodne w Biblią.

Głoszę Jezusa, realizuję działania żyjącego Boga, przeprowadzając misje na całym świecie. Kiedy modlę się w imieniu Jezusa Chrystusa, niezliczona liczba ludzi wierzy i otrzymuje zbawienie dzięki niezwykłym dziełom mocy, które mają miejsce: ślepi zaczynają wiedzieć, niemi zaczynają mówić, chromi-wstają, umierający-ożywają, itd.

W taki sposób Bóg okazał przeze mnie swoje potężne działanie. Wyjaśnia również kwestie dotyczące nieba i piekła oraz pozwala me głosić je na całym świecie, aby zbawionych zostało tak wielu ludzi, jak to możliwe.

W dzisiejszych czasach, wielu ludzi jest ciekawych, co dzieje się po śmierci – jak wygląda świat duchowy – jednak niemożliwe jest zdobycie takiej wiedzy jedynie dzięki ludzkim wysiłkom. Możemy nauczyć się wiele na ten temat z Biblii. Jednakże, niniejsze kwestie będą dla ciebie jasne, dopiero kiedy wyjaśni ci je sam Bóg, dzięki natchnieniu Ducha Świętego, który bada wszystko, nawet najbardziej ukryte rzeczy o Bogu (1 Kor. 2,10).

Mam nadzieję, że w pełni uwierzysz w mój opis piekła oparty na tekstach biblijnych, ponieważ sam Bóg pod natchnieniem Ducha Świętego objaśnił mi to wszystko.

Dlaczego powinno się głosić na temat Sądu Bożego oraz kary w piekle?

Kiedy głoszę na temat piekła, ci, którzy mają wiarę są wypełnieni Duchem Świętym i słuchają bez lęku. Jednakże, są również tacy, którzy odczuwają napięcie i odpowiadają „Amen" „lub" „Tak," jednak w czasie kazania znika ich napięcie.

Co gorsza, ludzie, którzy mają słabą wiarę zaprzestają uczęszczać na nabożeństwa lub opuszczają kościół w strachu, zamiast umacniać swoją wiarę w nadziei na niebo.

Niemniej jednak, muszę wyjaśnić kwestie związane w piekłem, ponieważ znam charakter Boga. Bóg martwi się o ludzi, którzy zmierzają do piekła, żyją w ciemności i idą na kompromis ze światem, pomimo, że wyznają wiarę w Jezusa.

Dlatego, zamierzam wyjaśnić kwestię piekła szczegółowo, aby dzieci Boga mogły znaleźć drogę do światła, porzucając ciemność. Bóg pragnie, aby Jego dzieci żałowały swoich grzechów oraz znalazły się z niebie, nawet jeżeli obawiają się i nie czują się komfortowo, kiedy słuchają o Dniu Sądu oraz karach w piekle.

Przypowieść o bogaczu i Łazarzu

W Ewangelii Łukasza 16,19-31 opisano historię bogacza i łazarza, którzy po śmierci znaleźli się w grobie. Sytuacje oraz warunki obu tych ludzi były zupełnie inne.

Bogacz był prześladowany w ogniu, podczas gdy łazarz był po stronie Abrahama bardzo daleko od bogacza. Dlaczego?

W czasach Starego Testamentu sąd Boży był przeprowadzany zgodnie z Prawem Mojżeszowym. Z drugiej strony, bogacz otrzymał karę w ogniu, ponieważ nie wierzył w Boga, pomimo że żył w luksusie na ziemi. Łazarz mógł cieszyć się życiem wiecznym, ponieważ wierzył w Boga, pomimo że był obolały i pragnął jeść to, co spadało ze stołu bogacza.

Życie człowieka po jego śmierci zostanie ustalone na Sądzie Bożym

W Starym Testamencie znajdujemy praojców wiary, łącznie z Jakubem i Jobem, twierdzących, że po śmierci trafiliby do grobu (Ks. Rodz. 37,35; Job 7,9). Korah oraz jego ludzie, którzy zbuntowali się przeciwko Mojżeszowi wpadli do grobu rozgniewani na Boga (Ks. Liczb 16,33).

Stary Testament wspomina również o „Sheolu" i „Hadesie." Słowo „grób" w języku angielskim oznacza również „Sheol" i „Hades." Grób podzielony jest na dwie części: wyższy grób, stanowiący część nieba, oraz niższy grób, stanowiący część piekła.

Stąd, wiemy, że praojcowie wiary, jak Jakub i Job oraz Łazarz znaleźli się w wyższym grobie, który stanowi część nieba, podczas gdy Korah oraz bogacz znaleźli się w niższym grobie, który stanowi część piekła.

Życie po śmierci z pewnością istnieje, a wszyscy mężczyźni i kobiety znajdą się w niebie lub w piekle zgodnie z sądem Bożym. Silnie zachęcam was, abyście wierzyli w Boga oraz zyskali zbawienie.

Struktura nieba i piekła

Biblia używa wielu różnych nazw na określenie piekła. W zasadzie, łatwo jest rozpoznać, że niebo i piekło to nie te same miejsca.

Innymi słowy, niebo jest określane mianem „wyższy grób," „raj" lub „Nowe Jeruzalem." Ponieważ niebo, miejsce zamieszkania zbawionych, jest podzielone na wiele różnych miejsc.

Jak zostało wyjaśnione w książkach *„Miara Wiary"* oraz *„Niebo"* część *I* i *II*, w zależności od tego, na ile upodobnisz się do Boga Ojca, będziesz mógł mieszkać blisko tronu Bożego.

Czy naprawdę istnieje niebo i piekło?

Być może wejdziesz do Trzeciego, Drugiego lub Pierwszego Królestwa w niebie, zgodnie z miarą wiary. Ludzie, którym ledwie uda się zyskać zbawienie, będą mieszkać w Raju. Miejsce zamieszkania potępionych lub złych duchów określane jest również mianem „niższego grobu," „jeziorem ognia," „jeziorem siarki" lub „otchłanią (jamą bez dna)." Tak, jak niebo podzielone jest na wiele części, tak piekło podzielone jest na różne miejsca, ponieważ każda dusza będzie zamieszkiwać inne miejsce zgodnie z miarą złych uczynków na tym świecie.

Diagram (trójkąt skierowany wierzchołkiem w dół, od góry):
- Nowe Jeruzalem
- Trzecie Królestwo
- Drugie Królestwo
- Pierwsze Królestwo
- Raj
- Górny Grób
- Otchłań

Diagram (trójkąt odwrócony, od góry):
- Dolny Grób
- Jezioro Ognia
- Jezioro Płonącej Siarki
- Przepaść (Czeluść bez dna)

Struktura nieba i piekła

Wyobraź sobie kształt diamentu ($\Diamond$), aby lepiej zrozumieć strukturę nieba i piekła. Jeżeli przetniemy kształt na pół, otrzymamy trójkąt ($\triangle$) oraz odwrócony trójkąt ($\triangledown$). Załóżmy, że trójkąt symbolizuje niebo, a odwrócony trójkąt symbolizuje piekło.

Najwyższa część trójkąta odnosi się do Nowego Jeruzalem, podczas gdy najniższa część odnosi się do górnego grobu. Innymi słowy, powyżej wyższego grobu znajdują się Raj,

Pierwsze, Drugie i Trzecie Królestwo oraz Nowe Jeruzalem. Możemy postrzegać poszczególne królestwa jako piętra budynku. W rzeczywistości duchowej, niemożliwe jest namalowanie linii, aby oddzielić ląd oraz określić jego kształt. Wyjaśniam tę kwestię w taki sposób, aby pomóc ludziom zrozumieć niebo i piekło.

W trójkącie sam wierzchołek odnosi się do Nowego Jeruzalem, a najniższa część trójkąta do wyższego grobu. Innymi słowy, im wyżej trójkąta, tym lepsze królestwo w niebie.

W drugiej figurze, odwróconym trójkącie, najwyższa i najszersza część odnosi się do niższego grobu. Im bliżej jesteś dna, tym bardziej zbliżasz się do najgłębszych części piekła. Niższy grób, jezioro ognia, jezioro siarki oraz otchłań. Otchłań opisana w Ewangelii Łukasza oraz Księdze Objawienie odnoszą się do najgłębszych części piekła.

W przypadku trójkąta, powierzchnia zmniejsza się, kiedy idziemy w stronę wierzchołka – od Raju do Nowego Jeruzalem. Niniejszy kształt pokazuje nam, że liczba ludzie, którzy dostaną się do Nowego Jeruzalem jest raczej niewielka w porównaniu do liczby osób, które wejdą do Raju, Pierwszego, Drugiego lub Trzeciego Królestwa. Ponieważ jedynie ci, którzy osiągną świętość i doskonałość poprzez uświęcenie serc, upodabniając swój charakter do charakteru Boga Ojca, mogą wejść do Nowego Jeruzalem.

Jak widzimy w przypadku odwróconego trójkąta, mniejsza ilość osób trafi do głębszych części piekła, ponieważ jedynie co, których piętnowało ich własne sumienie oraz którzy popełnili najgorsze zło znajdą się w takim miejscu. Większa liczba osób, którzy popełnili względnie lżejsze grzechy, trafi do wyższych, szerszych części piekła.

Stąd, niebo i piekło mogą zostać zobrazowane w formie diamentu. Jednakże, powinniśmy dojść do wniosku, że niebo ma kształt trójkąta, a piekło odwróconego trójkąta.

Wielka przepaść między niebem i piekłem

Pomiędzy trójkątem – niebem a odwróconym trójkątem – piekłem istnieje olbrzymia przepaść. Niebo i piekło nie przylegają do siebie, lecz są od siebie bardzo odległe.

Bóg ustanowił granicę tak wyraźnie, aby dusze w niebie i piekle nie mogły podróżować między niebem i piekłem. Jedynie w szczególnych przypadkach, Bóg udziela możliwości, aby ludzie mieszkający w piekle i niebie mogli się zobaczyć i ze sobą porozmawiać tak, jak bogacz i Abraham.

Pomiędzy dwoma symetrycznymi trójkątami istnieje wielka otchłań. Ludzie nie mogą przychodzić i wychodzić z nieba do piekła i na odwrót. Niemniej jednak, jeżeli Bóg wyrazi zgodę, ludzie w niebie i piekle mogą spotkać się, usłyszeć i porozmawiać bez względu na odległość.

Być może łatwo ci to zrozumieć, jeśli pamiętasz, w jaki sposób można rozmawiać z ludźmi na drugim końcu świata przez telefon lub nawet rozmawiać twarzą w twarz na ekranach dzięki satelitom, dzięki szybkiemu rozwojowi i postępowi nauki i technologii.

Pomimo, że między niebem i piekłem istnieje wielka przepaść, bogacz może zobaczyć Łazarza odpoczywającego u boku Abrahama i rozmawiającego z Nim, ponieważ Bóg na to pozwolił.

Wyższy grób oraz Raj

Aby być dokładnym, wyższy grób nie jest częścią nieba, jednak można uznać, że do niego należy, podczas gdy Niższy Grób jest częścią piekła. Rola wyższego grobu opisana w Starym Testamencie uległa zmianie.

Wyższy grób w czasach Starego Testamentu

W czasach Starego Testamentu zbawieni oczekiwali w wyższym grobie. Abraham, praojciec wiary, miał władzę nad wyższym grobem i dlatego Biblia wspomina, że Łazarz znajduje się u boku Abrahama.

Jednakże, od czasu zmartwychwstania oraz wniebowstąpienia Jezusa, zbawieni nie przebywają u boku Abrahama, lecz zostają przeniesieni do Raju i znajdują się u boku Pana. W Ewangelii Łukasza 23,43 Jezus powiedział do jednego z łotrów, który skruszył się i przyjął Jezusa jako Zbawiciela, kiedy został ukrzyżowany: *„Zaprawdę, powiadam ci: Dziś ze Mną będziesz w raju."*

Czy Jezus natychmiast udał się do Raju po swoim ukrzyżowaniu? W 1 Piotra 3,18-19 czytamy: *„Chrystus* *bowiem również raz umarł za grzechy, sprawiedliwy za niesprawiedliwych, aby was do Boga przyprowadzić; zabity wprawdzie na ciele, ale powołany do życia Duchem. W nim poszedł ogłosić [zbawienie] nawet duchom zamkniętym w więzieniu."* Na przykładzie tego wersetu widać, że Jezus głosił ewangelię wszystkim zbawionym oczekującym w wyższym grobie. Omówię niniejszą kwestię dokładniej w rozdziale 2.

Jezus, który nauczał ewangelii przez trzy dni w wyższym grobie, przyprowadził zbawionych do Raju, kiedy zmartwychwstał i został wniebowzięty. Dzisiaj Jezus przygotowuje dla nas miejsce w niebie, mówiąc: *„Idę przygotować wam miejsce"* (Jan 14,2).

Raj w czasach Nowego Testamentu

Zbawieni nie przebywają już w wyższym grobie od momentu, kiedy Jezus szeroko otworzył drzwi zbawienia. Obecnie przebywają na obrzeżach Raju, przedsionka nieba aż do momentu zakończenia historii ziemi. Kiedy zakończony zostanie Sąd Ostateczny Wielkiego Białego Tronu, każdy zbawiony człowiek otrzyma własne miejsce w niebie zgodnie z miarą wiary oraz będzie mieszkał tam na wieki.

W czasach Nowego Testamentu wszyscy zbawieni czekają w Raju. Niektórzy zastanawiają się, jak to jest możliwe, aby tylu ludzi zmieściło się w Raju od czasu narodzin Adama. „Pastorze Lee, jak to jest możliwe, że tylu ludzie mieszka w Raju? Obawiam się, że Raj nie jest wystarczająco duży dla wszystkich ludzi, którzy mają wspólnie mieszkać."

Układ słoneczny, do którego należy zmienia jest jedynie drobinką w porównaniu do całej galaktyki. Czy potrafisz sobie wyobrazić, jak duża jest galaktyka? Jednakże, nawet galaktyka jest jedynie małą plamką w porównaniu do wszechświata. Czy potrafisz sobie wyobrazić, jak wielki jest wszechświat?

Ponadto, wielki wszechświat, w którym żyjemy jest jedynie jednym z wielu wszechświatów, a ogrom całego wszechświata przekracza możliwości naszej wyobraźni. Stąd, jeżeli nie jesteś w stanie ogarnąć ogromu wszechświata fizycznego, czy jesteś w stanie uchwycić ogrom nieba w duchowej rzeczywistości?

Raj jest ogromy – poza naszym wyobrażeniem. Odległości między Rajem a Pierwszym Królestwem jest nie niemożliwa do zmierzenia. Czy potrafisz sobie wyobrazić, jak wielkie jest Raj?

W Raju dusze zyskują duchową wiedzę

Mimo, że Raj jest jakoby przedsionkiem nieba, nie jest ani wąskim ani nudnym miejscem. Jest tak piękny, że nie można go porównywać nawet z najpiękniejszymi krajobrazami tego świata.

Oczekujące dusze zyskują w Raju duchową wiedzę od niektórych proroków. Uczą się o Bogu i niebie, prawie duchowym oraz innych koniecznych kwestiach duchowych. Nie ma żadnych ograniczeń w wiedzy duchowej. Nauka jest zupełnie inna niż nauka na tym świecie. Nie jest nudna ani trudna. Im więcej się uczą, tym więcej radości i łaski doznają.

Osoby, które są czyste i mają delikatne serca mogą zyskać wiele duchowej wiedzy poprzez komunikację z Bogiem już na tym świecie. Możesz rozumieć wiele rzeczy dzięki inspiracji Ducha Świętego, kiedy dostrzeżesz pewne rzeczy oczyma duchowymi. Możesz doświadczyć duchowej mocy Bożej, ponieważ będziesz w stanie zrozumieć prawo duchowe dotyczące wiary oraz otrzymać odpowiedzi na swoje modlitwy od Boga oraz oczyścić swoje serce.

Jakże możesz być szczęśliwy oraz w pełni zadowolony, kiedy uczysz się o duchowych rzeczach oraz doświadczasz ich na tym świecie? Wyobraź sobie o ileż szczęśliwszy i bardziej zadowolony będziesz, kiedy zyskasz głębszą wiedzę w Raju, który jest częścią nieba.

Gdzie mieszkają prorocy? Czy mieszkają w Raju? Nie. Dusze, które będą mogły wejść do Nowego Jeruzalem, nie oczekują w Raju, lecz w Nowym Jeruzalem, pomagając Bogu w Jego pracy.

Abraham opiekował się wyższym grobem zanim Chrystus został ukrzyżowany. Jednak, po zmartwychwstaniu oraz wniebowstąpieniu Jezusa, Abraham wszedł do Nowego Jeruzalem, ponieważ skończył wypełniać swoje obowiązki w wyższym grobie. W taki razie, gdzie byli Mojżesz i Eliasz, kiedy Abraham był w wyższym grobie? Nie byli w Raju, ale w Nowym Jeruzalem, ponieważ mogli się tam znaleźć (Mat. 17,1-3).

Wyższy grób w czasach Nowego Testamentu

W filmach można zobaczyć duszę ludzką, która podobna do ciała fizycznego jest oddzielona od ciała po śmierci i za aniołami udaje się do nieba lub za posłańcami piekła, idzie do piekła. W zasadzie, zbawiona dusza jest prowadzona do nieba przez dwóch aniołów w białych szatach po tym, jak zostaje oddzielona od ciała w chwili śmierci. Ktoś, kto wie o tym lub dowiedział się, nie będzie zszokowany, kiedy jego dusza zostanie oddzielona od jego ciała po śmierci. Ktoś, kto tego nie wie, będzie zszokowany, widząc inną osobę, która wygląda tak samo, jak on, oddzielona od jego ciała.

Dusza oddzielona od ciała fizycznego będzie czuła się dziwnie. Jej stan jest inny niż wcześniej, ponieważ doświadcza obecnie olbrzymich zmian, wcześniej żyjąc w trójwymiarowym świecie, a obecnie znajdując się w czterowymiarowym.

Oddzielona dusza nie czuje swojej wagi i może mieć pokusę, aby naprzykrzać się, ponieważ jej ciało jest tak lekkie. Dlatego wymaga czasu, aby nauczyć się podstawowych rzeczy i dostosować się do duchowego świata. Ponadto, zbawieni w czasach Nowego Testamentu pozostają czujni i przyzwyczajają się do duchowego świata w wyższym grobie, zanim wejdą do Raju.

Niższy grób, przedsionek do piekła

Najwyższą częścią piekła jest niższy grób. Kiedy człowiek trafia do niższych części piekła, ma możliwość zobaczyć jezioro ogniste, jezioro siarki oraz otchłań, najgłębszą część piekła. Potępieni od początku czasu nadal przebywają w niższym grobie, ponieważ nie trafili jeszcze do piekła.

Wielu ludzi twierdzi, że było w piekle. Ja stwierdzam, że widzieli jedynie prześladowania w niższym grobie. Ponieważ potępieni znajdują się w różnych częściach Niższego Grobu zgodnie z ich grzechami oraz popełnionym złem. Nadejdzie jednak czas, kiedy zostaną wrzuceni do jeziora ognistego lub jeziora siarki po tym, jak nastąpi Sąd Ostateczny Białego Tronu.

Cierpienia potępionych w Niższym Grobie

W Ewangelii Łukasza 16,24 opisano dokładnie cierpienia, których doświadczał potępiony bogacz. W swej agonii bogacz poprosił o kroplę wody, mówiąc: *„I zawołał: Ojcze Abrahamie, ulituj się nade mną i poślij Łazarza; niech koniec swego palca umoczy w wodzie i ochłodzi mój język, bo strasznie cierpię w tym płomieniu."*

Jakże dusze mają nie być przerażone i trząść się ze strachu, skoro stale doświadczają prześladowań, słysząc krzyki agonii innych ludzi, którzy płoną w ogniu bez nadziei na śmierć w piekle, gdzie robak nie umiera, a ogień nie gaśnie?

Okrutni posłańcy piekła prześladują dusze w otchłani ciemności – niższym grobie. Niższy Grób pełen jest krwi i smrodu rozkładających się ciał, więc bardzo trudno jest oddychać. Jednakże, kara w piekle nie jest porównywalna z karą niższego grobu.

Poczynając od rozdziału 3, omówię szczegółowo, podając konkretne przykłady, jak przerażającym miejscem jest Niższy Grób oraz jakich kar doświadczą potępieni w jeziorze ognia i siarki.

Potępieni żałują za swoje grzechy w Niższym grobie

W Ewangelii Łukasza 16,27-30 czytamy, że bogacz nie wierzył w istnienie piekła, ale szybko uświadomił sobie swoją głupotę i odczuł żal, cierpiąc katusze w ogniu po śmierci. Bogacz błagał Abrahama, aby wysłał Łazarza do jego braci, aby nie musieli trafić do piekła.

„Tamten rzekł: Proszę cię więc, ojcze, poślij go do domu mojego ojca. Mam bowiem pięciu braci: niech ich przestrzeże, żeby i oni nie przyszli na to miejsce męki. Lecz Abraham odparł: Mają Mojżesza i Proroków, niechże ich słuchają. Nie, ojcze Abrahamie – odrzekł tamten – lecz gdyby kto z umarłych poszedł do nich, to się nawrócą."

Co bogacz powiedziałby swoim braciom, gdyby miał możliwość porozmawiać z nimi osobiście? Z pewnością powiedziałby im: „W pełni wierzę w istnienie piekła. Proszę, upewnijcie się, że żyjecie zgodnie ze słowem Bożym i nie traficie do piekła, które jest okrutnym i przerażającym miejscem."

Nawet w niekończącym się bólu i cierpieniu, bogacz szczerze pragnął ocalić swoich braci przed pójściem do piekła, więc nie ma wątpliwości, że miał względnie dobre serce. Co z ludźmi dzisiaj?

Pewnego razu Bóg pokazał mi małżeństwo, które było prześladowane w piekle, ponieważ zapomnieli o Bogu i opuścili kościół. W piekle, obwiniali się, przeklinali, pałali nienawiścią, a nawet pragnęli, aby druga osoba odczuwała więcej bólu.

Bogacz pragnął, aby jego bracia byli zbawieni, ponieważ miał dobre serce. Jednak należy pamiętać, że mimo to został wrzucony do piekła. Musimy pamiętać, że nie da się zdobyć zbawienia tylko dzięki wypowiedzeniu słów: „Wierzę."

Człowiek jest przeznaczony, aby umrzeć i znaleźć się w piekle lub w niebie po śmierci. Dlatego, nie powinniśmy być głupcami, lecz prawdziwie uwierzyć.

Mądry człowiek przygotowuje się na życie po śmierci

Mądrzy ludzie prawdziwie przygotowują się na życie po śmierci, podczas gdy większość ludzi pracuje zawzięcie, aby zyskać honor, władzę, bogactwo i długie życie na tym świecie.

Mądrzy ludzie trzymają swój skarb w niebie zgodnie ze słowem Bożym, ponieważ doskonale wiedzą, że nie mogą niczego zabrać z sobą do grobu.

Być może słyszałeś świadectwo ludzi, którzy nie mogli znaleźć swojego miejsca w niebie, kiedy odwiedzili niebo, pomimo, że twierdzili, że wierzyli w Boga i prowadzili życie w Chrystusie. Możesz mieć wielki i piękny dom w niebie, jeżeli przechowujesz tam swój skarb, prowadząc życie dziecka Bożego na tym świecie.

Jesteś prawdziwie pobłogosławiony i mądry, ponieważ walczysz, aby posiąść i utrzymać wiarę, by wejść do nieba, a ponieważ w wierze przechowujesz swoją nagrodę w niebie, przygotowujesz się jako oblubienica Pana, możesz być pewny, że On wkrótce powróci.

Kiedy człowiek umiera, nie jest w stanie ponownie przeżyć swojego życia. Stąd, pragnę, abyście posiedli wiarę oraz byli świadomi tego, że istnieje niebo i piekło. Ponadto, wiedząc, że potępieni cierpią prześladowania w piekle, powinniśmy głosić na temat nieba i piekła innym ludziom w naszym życiu. Wyobraź sobie, jak Bóg byłby z ciebie zadowolony.

Ci, którzy wyznają miłość do Boga, który pragnie wieść wszystkich ludzi drogą zbawienia, będzie błogosławił na ziemi oraz w niebie pozwoli zajaśnieć jak słońce.

Mam nadzieję, że uwierzysz w żyjącego Boga, który sądzi i nagradza, oraz spróbujesz stać się prawdziwym dzieckiem Boga. Modlę się w imieniu Jezusa, abyś przyprowadził wielu ludzi do Boga i do zbawienie, oraz był szczęśliwy z życia z Bogiem.

Rozdział 2

Droga zbawienia dla tych, którzy nigdy nie słyszeli ewangelii

Sąd na sumieniem

Dzieci nienarodzone w powodu aborcji lub poronienia

Dzieci w wieku do 5 lat

Dzieci w wieku od 6 lat do wieku dojrzewania

Czy Adam i Ewa są zbawieni?

Co stało się z pierwszym mordercą, Kainem?

„Bo gdy poganie, którzy Prawa nie mają,
idąc za naturą, czynią to, co Prawo nakazuje,
chociaż Prawa nie mają, sami dla siebie są Prawem.
Wykazują oni, że treść Prawa wypisana jest w ich sercach,
gdy jednocześnie ich sumienie staje jako świadek,
a mianowicie ich myśli na przemian ich oskarżające lub
uniewinniające."
- Rzymian 2,14-15 -

„Ale Pan mu powiedział: O, nie! Ktokolwiek by zabił Kaina,
siedmiokrotną pomstę poniesie!
Dał też Pan znamię Kainowi, aby go nie zabił,
ktokolwiek go spotka."
- Księdze Rodzaju 4,15 -

Bóg pokazał swą miłość do nas, oddając swojego jedynego Syna Jezusa Chrystusa, aby został ukrzyżowany dla zbawienia człowieka.

Rodzice kochają swoje dzieci, lecz pragną również, aby dzieci dojrzały i zrozumiały swój charakter, oraz dzieliły się radością i cierpieniem.

Bóg pragnie, aby wszyscy ludzie zostali zbawieni. Co więcej, Bóg chce, aby jego dzieci były wystarczająco dojrzałe w wierze, by zrozumieć charakter Boga Ojca i dzielić z Nim miłość. Dlatego apostoł Paweł napisał w 1 Liście do Tymoteusza 2,4, że Bóg pragnie, aby wszyscy ludzie byli zbawieni oraz poznali prawdę.

Powinieneś wiedzieć, że Bóg pokazuje piekło oraz duchową rzeczywistość bardzo dokładnie, ponieważ Bóg w swojej miłości pragnie, aby ludzie otrzymali zbawienie i dojrzewali w wierze.

W niniejszym rozdziale wyjaśnię szczegółowo, czy możliwe jest, aby ludzie, którzy umarli nie znając Jezusa, otrzymali zbawienie.

Sąd na sumieniem

Wielu ludzie, którzy nie wierzą w Boga przynajmniej są świadomi istnienia nieba i piekła, jednak nie mogą po prostu wejść do nieba, tylko dlatego, że są świadomi ich istnienia.

Tak, jak Jezus powiedział w Ewangelii Jana 14,6: *„Odpowiedział mu Jezus: Ja jestem drogą i prawdą, i życiem. Nikt nie przychodzi do Ojca inaczej jak tylko przeze Mnie,"* możesz być zbawiony i wejść do nieba jedynie dzięki Jezusowi.

W jaki sposób można zyskać zbawienie? Apostoł Paweł w Liście do Rzymian 10,9-10 pokazuje nam drogę do zbawienia:

> *„Jeżeli więc ustami swoimi wyznasz, że Jezus jest Panem, i w sercu swoim uwierzysz, że Bóg Go wskrzesił z martwych – osiągniesz zbawienie. Bo sercem przyjęta wiara prowadzi do usprawiedliwienia, a wyznawanie jej ustami – do zbawienia."*

Przypuśćmy, że są ludzie, którzy nie znają Jezusa. W konsekwencji, nie wyznają, że Jezus jest Panem, ani nie wierzą w Niego z całego serca. Czy nikt z nich nie może zostać zbawiony?

Przed przyjściem Jezusa na ziemi żyła duża liczba ludzi. Nawet w Nowym Testamencie byli ludzie, którzy nie usłyszeli o ewangelii. Czy ci ludzie mogą dostąpić zbawienia?

Jaki los czeka ludzie, którzy umarli tak wcześnie, że nie byli wystarczająco dojrzali oraz mądrzy, aby uwierzyć? Co z dziećmi, które nie narodziły się z powodu aborcji lub poronienia? Czy koniecznie muszą trafić do piekła, ponieważ nie uwierzyły w Jezusa? Nie.

Bóg miłości otwiera drzwi zbawienia dla każdego w swojej sprawiedliwości poprzez sąd sumienia.

Ci, którzy szukali Boga i żyli zgodnie ze swoim sumieniem

W Liście do Rzymian 1,20 czytamy: *„Albowiem od stworzenia świata niewidzialne Jego przymioty – wiekuista*

Jego potęga oraz bóstwo – stają się widzialne dla umysłu przez Jego dzieła, tak że nie mogą się wymówić od winy." Dlatego ludzie, którzy mają dobre serce wierzą w istnienie Boga przez to, że widzą Jego stworzenie.

W Księdze Koheleta 3,11 napisano, że Bóg wpisał wieczność w serce ludzkie. Tak więc dobrzy ludzie poszukują Boga z natury i wierzą w życiu po śmierci. Dobrzy ludzie odczuwają bojaźń i próbują prowadzić dobre i sprawiedliwe życie, pomimo tego, że być może nigdy nie słyszeli ewangelii. Dlatego, żyją zgodnie z wolą Boga do pewnego stopnia. Gdyby tylko usłyszeli ewangelię, z pewnością przyjęliby Jezusa i weszli do nieba.

Z tego powodu, Bóg pozwolił dobrym ludziom pozostać w wyższym grobie jako sposób na to, by poprowadzić ich do nieba zanim Chrystus umarł na krzyżu. Po ukrzyżowaniu Jezusa, Bóg poprowadził ich do zbawienia przez krew Jezusa i możliwość słuchania ewangelii.

Słuchanie ewangelii w wyższym grobie

Biblia mówi nam, że Jezus głosił ewangelię w wyższym grobie po śmierci na krzyżu.

W 1 Liście Piotra 3,18-19 czytamy: *„Chrystus bowiem również raz umarł za grzechy, sprawiedliwy za niesprawiedliwych, aby was do Boga przyprowadzić; zabity wprawdzie na ciele, ale powołany do życia Duchem. W nim poszedł ogłosić [zbawienie] nawet duchom zamkniętym w więzieniu."* Jezus głosił ewangelię duszom w wyższym grobie, aby mogły być zbawione poprzez Jego krew.

Słuchając ewangelii, ludzie, którzy nie słyszeli ewangelii wcześniej w swoim życiu, w końcu mieli szansę, aby poznać Jezusa i dostąpić zbawienia.

Bóg dał Chrystusa jako jedyną drogę do zbawienia (Dz. Ap. 4,12). Nawet w czasach Starego Testamentu ci, którzy nie mieli możliwości usłyszeć ewangelii zostali zbawieni dzięki sądowi sumienia. Pozostali w wyższym grobie przez trzy dni, aby usłyszeć ewangelię i wejść do nieba.

Ludzie o nieczystym sumieniu nigdy nie szukają Boga i żyją w grzechu, odnajdując przyjemność w swoich namiętnościach. Nie uwierzyliby ewangelii, nawet gdyby ją usłyszeli. Po śmierci trafią do niższego grobu, aby dostąpić kary, a następnie zostaną wrzuceni do piekła po Dniu Sądu Białego Tronu.

Sąd sumienia

Niemożliwe jest, aby człowiek potrafił osądzić sumienie drugiego człowieka, ponieważ jako ludzie nie jesteśmy w stanie odczytać myśli i charakteru innych. Jednak wszechmocny Bóg potrafi odczytać ludzkie serce i dokonać odpowiedniego osądu.

W Liście do Rzymian 2,14-15 czytamy na temat sądu sumienia. Dobrzy ludzie wiedzą, co jest dobre, a co złe, ponieważ ich sumienie pozwala im poznać wymagania prawa.

„Bo gdy poganie, którzy Prawa nie mają, idąc za naturą, czynią to, co Prawo nakazuje, chociaż Prawa nie mają, sami dla siebie są Prawem. Wykazują oni, że treść Prawa wypisana jest w ich sercach, gdy

jednocześnie ich sumienie staje jako świadek, a mianowicie ich myśli na przemian ich oskarżające lub uniewinniające."

Stąd dobrzy ludzie nie podążają drogą zła, lecz drogą dobra w swoim życiu. W konsekwencji, zgodnie z sądem sumienia, pozostają w wyższym grobie na trzy dni, w ciągu których słuchają ewangelii i dostępują zbawienia.

Jako jeden z przykładów dobrego życia możemy uznać admirała Soonshina Lee, który prowadził życie zgodne ze swoim sumieniem (admirał Lee był głównym przywódcą marynarki wojennej w czasach dynastii Chosun w Korei w XVI w.). Admirał Lee żył w prawdzie, pomimo tego, że nie znał Jezusa. Zawsze był lojalny w stosunku do króla, swojego kraju oraz ludzi, których chronił. Był dobry i wierny swoim rodzicom oraz ukochanym braciom. Nigdy nie przedkładał swoich interesów ponad interesy innych ludzi, nie szukał poklasku, władzy ani bogactwa. Służył innym oraz poświęcał się dla swoich sąsiadów i innych osób.

Nie było w nim ani odrobiny zła. Admirał Lee został wygnany i niesłusznie oskarżony. Nie narzekał ani nie wyzywał na króla, nawet kiedy król, który skazał go na wygnanie, kazał mu walczyć. Zamiast tego, podziękował królowi z całego serca, ustawił wojska w odpowiednim szyku i poszedł do walki, ryzykując własne życie. Co więcej, miał zawsze czas na modlitwę do Boga, ponieważ wierzył, że On istnieje. Z jakiego powodu Bóg miałby nie wpuścić go do nieba?

Osoby, których nie dotyczy sąd sumienia

Czy ludzie, którzy usłyszeli ewangelię, jednak nie uwierzyli w Boga mogą zostać poddani sądowi sumienia?

Członkowie twojej rodziny nie będą poddani sądowi sumienia, jeżeli nie przyjęli ewangelii, kiedy ją od ciebie usłyszeli. Jeżeli odrzucili ewangelię, mimo, że mieli możliwość ją przyjąć nie mogą dostąpić zbawienia.

Niemniej jednak, powinieneś głosić dobrą nowinę, ponieważ nawet jeżeli ludzie są na tyle źle aby trafić do piekła, musisz dać im jak najwięcej możliwości, aby otrzymali zbawienie dzięki twojej pracy.

Każde dziecko Boże jest dłużnikiem ewangelii oraz ma obowiązek ją głosić. Bóg zapyta cię w Dniu Sądu, czy głosiłeś ewangelię swojej rodzinie, rodzicom, rodzeństwu czy krewnym. „Dlaczego nie głosiłeś ewangelii swoim rodzicom i braciom?" „Dlaczego nie głosiłeś swoim dzieciom," „Dlaczego nie głosiłeś ewangelii swoim przyjaciołom."

Dlatego powinieneś głosić dobrą nowinę ludziom każdego dnia, jeśli rzeczywiście rozumiesz miłość Boga, który poświęcił swojego jedynego Syna, oraz jeśli rzeczywiście znasz miłość Pana, który umarł za ciebie na krzyżu.

Zbawienie dusz jest jedyną drogą, aby ugasić pragnienie Pana, który wykrzyknął na krzyżu: „Pragnę" oraz zapłacił za ciebie cenę swoją własną krwią.

Dzieci nienarodzone w powodu aborcji lub poronienia

Jaki jest los dzieci, które nie urodziły się z powodu poronienia? Po śmierci fizycznej, dusza ludzka idzie do piekła lub do nieba, ponieważ nawet jeśli jest młoda, nie może zostać zniszczona.

Płód otrzymuje duszę po pięciu miesiącach od zapłodnienia

Kiedy płód otrzymuje duszę? Płód nie ma duszy aż do szóstego miesiąca ciąży.

Zgodnie z medycyną po pięciu miesiącach od zapłodnienia, u płodu rozwijają się organy, oczy, słuch i powieki. Płat czołowy, który jest odpowiedzialny za funkcjonowanie mózgu kształtuje się po pięciu-sześciu miesiącach po zapłodnieniu. Kiedy płód ma sześć miesięcy, otrzymuje duszę, która jest formą ludzkiego życia. Płód nie trafia do piekła lub nieba, jeżeli dochodzi do poronienia zanim płód otrzymuje duszę, ponieważ płód bez duszy jest niczym zwierzę.

W Księdze Koheleta 3,21 napisano *„Któż pozna, czy siła życiowa synów ludzkich idzie w górę, a siła życiowa zwierząt zstępuje w dół, do ziemi?"* „Siła życiowa" wskazuje na duszę ludzką, którą ofiaruje Bóg, aby prowadzić człowieka do poszukiwania Boga, oraz ducha ludzkiego, dzięki któremu człowiek myśli i jest posłuszny słowu Boga. Natomiast „siła życiowa zwierząt" odnosi się do duszy, czyli systemu myśli i czynów.

Gatunek zwierząt ginie, kiedy umiera, ponieważ ma ducha, ale nie ma duszy, lecz ducha. Płód młodszy niż pięć miesięcy nie ma ducha. Stąd, jeżeli umiera, ginie tak samo, jak zwierzęta.

Aborcja jest tak samo ciężkim grzechem jak morderstwo

W takim razie czy nie jest grzechem dokonanie aborcji na płodzie młodszym niż pięć miesięcy skoro nie ma ducha? Nie należy popełniać grzechu aborcji, bez względu na czas, kiedy płód otrzymuje ducha, mając na uwadze fakt, że to Bóg kieruje ludzkim życiem.

W Psalmie 139,15-16 Psalmista napisał: *„Nie tajna Ci moja istota, kiedy w ukryciu powstawałem, utkany w głębi ziemi. Oczy Twoje widziały me czyny i wszystkie są spisane w Twej księdze; dni określone zostały, chociaż żaden z nich [jeszcze] nie nastał."*

Bóg miłości zna każdego z nas zanim zostaliśmy ukształtowani w łonie matki i ma wspaniały plan oraz pomysły dla ciebie. Dlatego człowiek, istota stworzona przez Boga, nie może kontrolować życia płodu, nawet jeśli płód ma mniej niż pięć miesięcy.

Aborcja jest morderstwem, ponieważ dopuszcza się czegoś, co pozostaje we władzy Boga, który kieruje życiem, śmiercią, błogosławieństwem i przekleństwem. Co więcej, jak ktoś śmie twierdzić, że aborcja jest mało znaczącym grzechem, jeśli zabija swoją własną córkę lub syna?

Zapłata za grzech oraz próby

Bez względu na okoliczności oraz ich trudność, nigdy nie powinniśmy naruszać praw Bożych dotyczących ludzkiego życia. Co więcej, usunięcie ciąży ze względu na swoje przyjemności nie jest odpowiednim zachowaniem. Musimy być świadomi tego, że zbierzemy to, co posialiśmy i zapłacimy za to, co zrobiliśmy.

Większym grzechem jest aborcja po okresie sześciu miesięcy od zapłodnienia. Jest tym samym, co morderstwo, ponieważ płód ma w sobie duszę

Aborcja buduje wielką ścianę grzechu między człowiekiem a Bogiem. W konsekwencji, cierpisz z powodu bólu i prób, które przechodzisz. Stopniowo, odsuwasz się od Boga z powodu ściany grzechu, jeżeli nie rozwiążesz problem grzechu. W końcu może być już za późno, aby wrócić.

Nawet ci, którzy nie wierzą w Boga zostaną ukarani i doświadczą prób i cierpienie z powodu grzechu, którego się dopuścili. Próby i cierpienia zawsze im towarzyszą, ponieważ Bóg nie może ich chronić i odwraca swoją twarz od nich, jeżeli nie zdecydują się zburzyć mury grzechu.

Żałuj za swoje grzechy i zburz ścianę grzechu

Bóg daje polecenia nie po to, aby potępić rodzaj ludzki, ale po to, aby pokazać im Swoją wolę, poprowadzić do skruchy i ocalić ich.

Bóg pozwala również, abyś zrozumiał wszystkie kwestie związane z aborcją, abyś nie popełniał grzechu, lecz zniszczył ścianę grzechu dzięki skrusze za grzechy popełnione w przeszłości.

Jeżeli dopuściłaś się grzechu aborcji w przeszłości, żałuj za swój grzech i zburz mur, który oddziela cię od Boga dzięki ofiarom. Zobaczysz, że próby i cierpienia znikną, ponieważ Bóg nie będzie pamiętał już twojego grzechu.

Grzech aborcji może być różny, w zależności od przypadku. Na przykład, jeżeli dopuściłaś się aborcji, ponieważ ciąża była wynikiem gwałtu, twój grzech jest raczej niewielki. Jeżeli małżeństwo dopuściło się aborcji, ponieważ nie chciało dziecka, ich grzech jest zdecydowanie cięższy.

Jeżeli nie chcesz mieć dziecka z jakiegokolwiek powodu, powinnaś poświęcić swojego dziecko Bogu w modlitwie. W takim przypadku, powinnaś urodzić dziecko, jeżeli Bóg nie działa zgodnie z twoją modlitwą.

Większość dzieci, które nie narodziły się z powodu aborcji dostąpi zbawienia, jednak są wyjątki

Sześć miesięcy po zapłodnieniu, płód, mimo że otrzymuje ducha, nie jest w stanie rozsądnie myśleć, rozumieć czy wierzyć. Stąd, Bóg zbawi większość płodów, które nie przeżyły bez względu na wiarę ich samych czy ich rodziców.

Zauważ, że napisałem „większość," a nie „wszystkie" płody, ponieważ w rzadkich przypadkach płód może nie dostąpić zbawienia.

Płód może odziedziczyć złą naturę po swoich rodzicach lub przodkach wrogo nastawionych przeciwko Bogu i oddanych złu już od momentu zapłodnienia. W takim przypadku płód nie dostąpi zbawienia.

Na przykład, może być dzieckiem magika lub złych rodziców, którzy przeklinali innych ludzi oraz życzyli im zła, jak na przykład Hee-bin Jang znany z historii koreańskiej (Pani Jang była konkubiną króla Sook-jonga pod koniec XVII w, która z zazdrości przeklęła królową). W olbrzymiej zazdrości przeklęła swoją rywalkę, przekłuwając jej obraz strzałami. Dzieci takich złych rodziców nie mogą zostać zbawione, ponieważ dziedziczą złą naturę swoich rodziców.

Jest wiele bardzo złych ludzi, nawet wśród tych, którzy twierdzą, że wierzą. Tacy ludzie są przeciwnikami, osądzają, potępiają i podkopują działanie Ducha Świętego. Z zazdrości próbują zabić tych, którzy oddają chwałę Bogu. Gdyby dzieci takich rodziców nie narodziły się z powodu poronienia, nie mogą być zbawione.

Z wyjątkiem takich rzadkich przypadków, większość nienarodzonych dzieci dostąpi zbawienia. Jednakże, nie mogą wejść do nieba, ani nawet do Raju, ponieważ nie żyły na ziemi. Będą żyć w wyższym grobie nawet po Dniu Sądu Wielkiego Białego Tronu.

Wieczność dla zbawionych dzieci, które się nie narodziły

Płody, które zostały usunięte po sześciu lub więcej miesiącach ciąży są niczym czysta karta, ponieważ nie prowadziły życia na ziemi. Dlatego, będą przebywać w wyższym grobie i otrzymają odpowiednie ciała przy zmartwychwstaniu.

W przeciwieństwie do zbawionych, których ciała są duchowe i wieczne, otrzymają ciała, które będą zmieniać się i rosnąć. Dlatego, pomimo że będą jak dzieci na początku, później dorosną do odpowiedniego wieku.

Takie dzieci, nawet po tym, jak dorosną, pozostaną w wyższym grobie, wypełniając swoją duszę wiadomościami i prawdą. Łatwo to zrozumieć, kiedy porównamy ich sytuację z sytuacją Adama w ogrodzie Eden, gdzie się uczył i rozpoczynał życie.

Adam posiadał ducha, duszę i ciało, kiedy został stworzony jako istota żyjąca. Jednakże, jego ciało było inne niż zmartwychwzbudzone ciało duchowe, a jego dusza nie była niczego świadoma tak, jak dusza dziecka. Dlatego, sam Bóg przekazał Adamowi wiedzę duchową i chodził z nim przez dłuższy czas.

Powinniśmy uświadomić sobie, że Adam w ogrodzie Eden został stworzony bez żadnego zła, jednak dusze w wyższym grobie nie są tak dobre jak dusza Adama, ponieważ odziedziczyły już grzeszną naturę od swoich rodziców, którzy doświadczyli życia na ziemi.

Od czasu upadku Adama wszyscy jego potomkowie dziedziczyli grzeszną naturę swoich rodziców.

Dzieci w wieku do 5 lat

W jaki sposób dzieci do piątego roku życia, które nie potrafią ocenić, co jest dobre, a co złe, ani nie rozpoznają wiary, zyskać zbawienie? Zbawienie dzieci w takim wieku jest zależne od wiary ich rodziców – w szczególności matek.

Dziecko może dostąpić zbawienie, jeśli jego rodzice mają wiarę, która umożliwia zbawienie oraz wychowanie swoich dzieci w wierze (1 Kor. 7,14). Niemniej jednak nie jest prawdą, że dziecko nie może zostać zbawione tylko ze względu na to, że jego rodzice nie wierzą.

Możesz doświadczyć miłości Boga ponownie. W Księdze Rodzaju 25 czytamy, że Bóg przewidział, iż Jakub będzie w przyszłości wspanialszym człowiekiem niż Ezaw, kiedy walczyli w łonie matki. Wszechwiedzący Bóg prowadzi swoje dzieci, które umierają zanim ukończą pięć lat życia, do zbawienia na podstawie sądu sumienia. Jest to możliwe, ponieważ Bóg wie, czy dziecko przyjęłoby Boga, słysząc ewangelię, gdyby żył wystarczająco długo.

Jednakże, dzieci, których rodzice nie mają wiary oraz które nie przechodzą pomyślnie przez sąd sumienia, wpadną do niższego grobu, który jest częścią piekła i będą prześladowane.

Sąd sumienia oraz wiara rodziców

Zbawienie dzieci w dużym stopniu zależy od wiary ich rodziców. Stąd, rodzice mają wychowywać dzieci zgodnie z wolą Boga, aby dzieci nie trafiły do piekła.

Dawno temu, pewna para, która długo nie mogła mieć dzieci, w końcu doczekała się dziecka. Jednak dziecko zginęło przedwcześnie w wypadku.

Dzięki modlitwie poznałem powód, dla którego dziecko przedwcześnie zginęło: ponieważ jego rodzice mieli słabą wiarę i oddalili się od Boga. Dziecko nie mogło uczęszczać do przedszkola przy kościele, ponieważ rodzice prowadzili świecie życie. Zgodnie z tym, dziecko zaczęło śpiewać świeckie piosenki zamiast pieśni na chwałę Boga.

W tym czasie dziecko miało wiarę, aby otrzymać zbawienie, jednak nie mogło zostać zbawione jeśli nie było wychowywane pod wpływem swoich rodziców. W takie sytuacji Bóg poprzez wypadek wezwał dziecko do życia wiecznego oraz dał jego rodzicom możliwość do skruchy. Gdyby nie było takiej potrzeby, Bóg nie zdecydowałby się na taki krok, jeśli rodzice żałowaliby za swoje grzechy i wrócili do Boga.

Odpowiedzialność rodziców za wzrost duchowy dziecka

Wiara rodziców ma bezpośredni wpływ na zbawienie ich dzieci. Wiara dzieci nie może wzrastać, jeśli rodzice nie martwią się o duchowy rozwój swoich dzieci, a pozostawiając tę kwestię jedynie szkółce niedzielnej.

Rodzice muszą modlić się za swoje dzieci, sprawdzać, czy uwielbiają Boga ze szczerym sercem i duchem, oraz nauczać ich, aby prowadzili życie modlitwy w domu i byli dobrym przykładem dla innych poza domem.

Zachęcam rodziców, aby trwali w wierze i wychowywali swoje ukochane dzieci w Panu. Błogosławię twoją rodzinę, aby mogła cieszyć się życiem wiecznym w niebie.

Dzieci w wieku od 6 lat do wieku dojrzewania

W jaki sposób dzieci w wieku od 6 do 12 lat mogą osiągnąć zbawienie?

Dzieci rozumieją ewangelię, kiedy ją słyszą i potrafią zdecydować, w co wierzą poprzez własną wolę i myśli, jednak jedynie do pewnego stopnia.

Wiek dzieci określony w tym podrozdziale może się różnić w zależności od dziecka, ponieważ dzieci rosną, rozwijają się i dojrzewają w różnym tempie. Ważnym czynnikiem jest to, że w zasadzie do 12 roku życia dzieci mogą już wierzyć w Boga dzięki własnej woli i myślom.

Dzięki własnej wierze – bez względu na wiarę rodziców

Dzieci powyżej 6 roku życia, a do 12 roku życia potrafią dobrze podejmować decyzje związane z wiarą. Dlatego, mogą zyskać zbawienie dzięki własnej wierze, bez względu na wiarę rodziców.

Twoje dzieci mogą pójść do piekła jedynie wtedy, gdy nie wychowasz ich w wierze, nawet jeśli sam posiadasz silną wiarę. Są dzieci, których rodzice są niewierzący. W takich przypadkach trudniej jest dzieciom zyskać zbawienie.

Powodem, dla którego rozdzielam zbawienie dzieci przed okresem dojrzewania oraz po okresie dojrzewania jest to, że dzięki wielkiej miłości Bożej, sąd sumienia może mieć zastosowanie w przypadku pierwszej grupy.

Bóg może dać dodatkową możliwość, aby dzieci otrzymały zbawienie, ponieważ dzieci w takim wieku nie potrafią decydować w takich kwestiach zupełnie same, skoro nadal są pod wpływem swoich rodziców.

Dobre dzieci przyjmują Pana, kiedy słyszą ewangelię oraz otrzymują Ducha Świętego. Uczęszczają do kościoła, jednak jest to dla nich trudne, jeżeli muszą znosić prześladowania ze strony własnych rodziców, którzy oddaja część bożkom. Jednakże, we wczesnych latach życia, mogą wybrać, co jest dobre, a co złe bez względu na to, co mówią ich rodzice. Mogą zachować wiarę, jeżeli prawdziwie wierzą Bogu bez względu na sprzeciwy i prześladowania swoich rodziców.

Przypuśćmy, że jest dziecko, które miałoby bardzo silną wiarę i mogło żyć dłużej, lecz umarło w młodym wieku. Co się z nim stanie? Bóg poprowadzi go drogą zbawienia poprzez sąd sumienia, ponieważ zna jego serce bardzo dokładnie.

Jednakże, jeśli dziecko nie przyjmuje Pana oraz nie przejdzie pozytywnie sądu sumienia, nie będzie miało więcej możliwości i piekło będzie nieuniknione. Co więcej, zrozumiałe jest, że zbawienie ludzi, którzy przekroczyli wiek dojrzewania jest w pełni zależne od ich własnej wiary.

Dzieci, które urodziły się w złym środowisku

Zbawienie dziecka, które nie potrafi logicznie i rozsądnie oceniać rzeczywistości w dużym stopniu zależy od ducha (natura, energia, siła) rodziców lub przodków.

Dziecko może się urodzić z zaburzeniem umysłowym lub być opętane przez demona od wczesnych lat swojego życia ze względu na niegodziwość i bałwochwalstwo jego przodków, ponieważ potomkowie są pod wpływem swoich rodziców i przodków.

Biorąc to pod uwagę w Księdze Powtórzonego Prawa 5,9-10 czytamy ostrzeżenie:

> *„Nie będziesz oddawał im pokłonu ani służył. Bo Ja jestem Pan, Bóg twój, Bóg zazdrosny, karzący nieprawość ojców na synach w trzecim i w czwartym pokoleniu – tych, którzy Mnie nienawidzą, a który okazuje łaskę w tysiącznym pokoleniu tym, którzy Mnie miłują i strzegą moich przykazań."*

W 1 Liście do Koryntian 7,14 czytamy, że: *„Uświęca się bowiem mąż niewierzący dzięki swej żonie, podobnie jak świętość osiągnie niewierząca żona przez brata. W przeciwnym wypadku dzieci wasze byłyby nieczyste, teraz zaś są święte."*

Trudno jest dostąpić zbawienie dzieciom, które urodziły się z niewierzących rodziców. Ponieważ Bóg jest miłością, nie odwraca się od tych, którzy wzywają jego imienia, nawet jeżeli urodzili się z niegodziwą naturę z powodu swoich rodziców lub przodków. Mogą również uzyskać zbawienie, ponieważ Bóg odpowiada na ich modlitwy, jeżeli żałują za swoje grzechy i próbują żyć zgodnie z Jego słowem, wzywając Jego imienia.

W Liście do Hebrajczyków 11,6 czytamy: *„Bez wiary zaś nie można podobać się Bogu. Przystępujący bowiem do Boga musi uwierzyć, że [Bóg] jest i że wynagradza tych, którzy Go szukają."* Nawet jeżeli człowiek urodził się ze złą naturą, Bóg może zmienić ją w dobrą oraz poprowadzić do nieba, jeśli człowiek będzie poświęcony w wierze i dobrych uczynkach.

Ci, którzy sami szukają Boga

Niektórzy ludzie nie potrafią znaleźć Boga w wierze, ponieważ mają zaburzenia umysłowe lub są opętani przez demony. Co w taki razie powinni zrobić?

W takim przypadku, ich rodzice lub członkowie rodziny muszą wykazać wielką wiarę w imieniu tych ludzi przed Bogiem. Bóg miłości otworzy drzwi zbawienie, widząc ich wiarę i szczerość.

Rodzice są odpowiedzialni za los swoich dzieci, jeśli dziecka umiera wcześnie i nie miało możliwości dostąpić zbawienia. Stąd, zachęcam cię do zrozumienia, że życie w wierze jest bardzo ważne nie tylko dla samych rodziców, ale również dla ich dzieci.

Powinieneś również zrozumieć serce Boga, który ceni jedną duszę bardziej niż cały świat. Zachęcam się, abyś posiadł wielką miłość, by troszczyć się nie tylko o swoje dzieci, ale również o dzieci swoich sąsiadów i bliskich.

Czy Adam i Ewa są zbawieni?

Adam i Ewa zostali wygnani na ziemię po tym, jak zjedli z drzewa poznania dobra i zła. Okazali nieposłuszeństwo i nie usłyszeli ewangelii. Czy zostali zbawieni? Pozwólcie mi wyjaśnić, czy pierwsi ludzie dostąpili zbawienia.

Adam i Ewa byli nieposłuszni Bogu

Na początku, Bóg uczynił pierwszych ludzi, Adama i Ewę na swoje podobieństwo i ukochał ich z całego serca. Bóg przygotował wszystkie rzeczy, aby zapewnić im obfite życie oraz poprowadził ich do Ogrodu Eden. Adamowi i Ewie nie brakowało niczego.

Ponadto, Bóg dał Adamowi wielką moc i władzę, aby rządzić wszystkim we wszechświecie. Adam rządził wszystkimi istotami żywymi na ziemi, na niebie i pod wodą. Wróg szatan nie ośmielił się wejść do ogrodu, ponieważ był on strzeżony i chroniony pod kierownictwem Adama.

Bóg chodził z ludźmi i przekazywał im informacje duchowe – tak, jak ojciec naucza swoje ukochane dzieci wszystkiego od A do Z. Adamowi i Ewie nie brakowało niczego, jednak zwiódł ich wąż, doprowadzając do tego, że zjedli zakazany owoc.

Poznali, czy jest śmierć zgodnie z zapowiedzią słowa Bożego, że na pewno umrą (Ks. Rodz. 2,17). Innymi słowy, ich duch umarł pomimo, że oni sami nadal żyli. W konsekwencji, zostali wygnani z ziemi i z ogrodu Eden. Życie ludzkie rozpoczęło się na przeklętej ziemi i wszystko zostało przeklęte w tym samym czasie.

Czy Adam i Ewa zostali zbawieni? Niektórzy ludzie uważają, że Adam i Ewa nie mogli dostąpić zbawienia, ponieważ przez nich wszystko zostało przeklęte i ich potomkowie cierpieli z powodu nieposłuszeństwa pierwszych rodziców. Niemniej jednak, Bóg miłości zostawił otwarte drzwi zbawienia nawet dla nich.

Szczera skrucha Adama i Ewy

Bóg przebacza ci tak długo, jak szczerze przychodzisz do Niego i żałujesz za swoje grzechy, nawet jeśli jesteś splamiony grzechem pierwotnym oraz grzechami, które popełniasz podczas swojego życia na ziemi pełnej ciemności i nieprawości. Bóg przebacza ci tak długo, jak w głębi serca żałujesz i wracasz do niego, nawet jeśli byłeś mordercą.

W porównaniu do ludzi w dzisiejszych czasach, Adam i Ewa mieli prawdziwie czyste i dobre serca. Co więcej, sam Bóg nauczał ich z miłością przez długi czas. Jak Bóg mógłby posłać Adama i Ewę do piekła, nie przebaczając im, jeśli skruszyliby się w głębi serca?

Adam i Ewa cierpieli podczas swojego życia na ziemi. Byli w stanie żyć w pokoju i jadali wszelkie rodzaje owoców, kiedy mieszkali w ogrodzie Eden. Po grzechu zdobywali jedzenie w pocie czoła i dzięki ciężkiej pracy. Ewa miała rodzić w wielkich bólach. Z powodu grzechu Adam i Ewa ronili wiele łez i bardzo cierpieli. Adam i Ewa doświadczyli, jak jeden z ich synów zabił drugiego.

Jakże musieli tęsknić za swoim życiem w Edenie pod opieką Boga i Jego miłości, doświadczając takich okropności na ziemi? Kiedy mieszkali w Ogrodzie Eden, nie byli świadomi swojego szczęścia i nie dziękowali Bogu, ponieważ zbyt lekko podchodzili do swojego życia, obfitości oraz Bożej miłości.

Jednakże, później zrozumieli, jak bardzo byli szczęśliwi i dziękowali Bogu za miłość, którą im okazywał. Szczerze żałowali za swoje grzechy.

Bóg otworzył przed nimi drzwi do zbawienia

Karą za grzech jest śmierć, jednak Bóg, który panuje w miłości i sprawiedliwości, przebacza grzechy, jeśli ludzie szczerze za nie żałują.

Bóg miłości pozwolił Adamowi i Ewie wejść do nieba, ponieważ żałowali za swoje grzechy. Jednakże, ponieważ Bóg jest sprawiedliwy mogli wejść, aby żyć jedynie w Raju. Ich grzech – porzucenie wielkiej Bożej miłości – nie był lekki. Adam i Ewa byli odpowiedzialni za to, co się stało, więc ponoszą odpowiedzialność za cierpienie, ból i śmierć swoich potomków z powodu swojego nieposłuszeństwa.

Nawet gdyby Bóg pozwolił Adamowi i Ewie zjeść z drzewa poznania dobra i złą, to nieposłuszeństwo doprowadziło go cierpienia i śmierci wielu ludzi. Dlatego, Adam i Ewa nie mogli dostać się do lepszego miejsca w niebie niż Raj i oczywiści nie otrzymali wspaniałych nagród.

Bóg działa w miłości i sprawiedliwości

Zastanówmy się nad Bożą miłością i sprawiedliwością, patrząc na przykład apostoła Pawła.

Apostoł Paweł był głównym liderem prześladowań prowadzonych przeciwko naśladowcom Jezusa i wielu z nich wysłał do więzienia, ponieważ nie znał Jezusa. Kiedy Szczepan był kamienowany, Paweł był świadkiem jego cierpienia i uważał je za słuszne.

Jednakże, Paweł spotkał Pana i przyjął Go na drodze do Damaszku. W tym czasie Pan powiedział mu, że będzie apostołem pogan i wiele wycierpi. Od tamtej chwili, apostoł Paweł skruszył się szczerze i poświęcił resztę swojego życia dla Pana.

Mógł wejść do Nowego Jeruzalem, ponieważ prowadził misję z radością pomimo cierpienia i był wierny, aby oddać całkowicie swoje życie Panu.

Prawo natury pokazuje, że zbieramy to, co zasialiśmy na tym świecie. Tak samo jest w przypadku duchowej rzeczywistości. Jeżeli siejesz dobro, będziesz zbierać dobro, a jeżeli siejesz zło, będziesz zbierać zło.

Jak widzisz w przypadku Pawła, musisz pilnować swojego serca, być czujnym i pamiętać, że na twojej drodze mogą pojawić się trudności z powodu twoich złych uczynków z przeszłości. Jednak jeżeli szczerze żałowałeś, twoje grzechy zostały wybaczone.

Co stało się z pierwszym mordercą, Kainem?

Co stało się w pierwszym mordercą, Kainem, który umarł, nie słysząc ewangelii? Przyjrzyjmy się, czy zostanie zbawiony poprzez sąd sumienia.

Bracia Kain i Abel złożyli ofiary Bogu

Ewa urodziła Adamowi dzieci po tym, jak zostali wygnani z Ogrodu Eden. Kain był ich pierwszym synem, a Abel był jego młodszym bratem. Kiedy dorastali, uczyli się składać ofiary Bogu. Kain przyniósł owoce ziemi jako ofiarę dla Boga, a Abel przyniósł pierworodne jagnię ze swojej trzody.

Bóg popatrzył przychylnie na ofiarę Abla, a nie Kaina. Dlaczego?

Nie można składać ofiary Bogu, która nie jest zgodna z Jego wolą. Zgodnie z prawem duchowym tego świata, powinniśmy oddawać Bogu cześć poprzez poświęcenie krwi, która ma zdobyć przebaczenie za nasze grzechy. Dlatego, w czasach Starego Testamentu ludzie składali w ofierze baranki, aby uwielbić Boga, a w czasach Nowego Testamentu, Jezus, Baranek Boży poświęcił samego siebie i przelał swoją krew.

Bóg przyjmuje cię z radością, odpowiada na twoje modlitwy i błogosławi ci, kiedy oddajesz Mu chwałę, bo tylko w taki sposób oddajesz Mu część w duchu. Duchowa ofiara oznacza uwielbienie Boga w duchu i w prawdzie. Bóg nie przyjmuje uwielbienia z radością, jeśli zasypiasz lub błądzisz w swoich myślach podczas nabożeństwa.

Bóg przyjął Abla i jego ofiarę

Adam i Ewa dobrze znali prawo duchowe dotyczące składania ofiar, ponieważ Bóg nauczył ich prawa w Ogrodzie Eden, kiedy chodził z nimi. Oczywiście, musieli nauczyć swoje dzieci, w jaki sposób składać odpowiednie ofiary Bogu.

Z drugiej strony, Abel uwielbił Boga ofiarą krwi w posłuszeństwie nauczaniu swoich rodziców. Kain nie przyniósł krwawej ofiary, lecz owoce ziemi jako ofiarę dla Boga zgodnie ze swoimi przekonaniami.

Biorąc to pod uwagę, w Liście do Hebrajczyków 11,4 czytamy: *„Przez wiarę Abel złożył Bogu ofiarę cenniejszą od Kaina, za co otrzymał świadectwo, iż jest sprawiedliwy. Bóg bowiem zaświadczył o jego darach, toteż choć umarł, przez nią jeszcze mówi."*

Bóg przyjął ofiarę Abla, ponieważ Abel w duchu uwielbił Boga i był mu posłuszny dzięki wierze. Jednakże, Bóg nie przyjął ofiary Kaina, ponieważ ten nie uwielbił Go w duchu, lecz jedynie zgodnie ze swoimi standardami i sposobami.

Kain zabił Abla z zazdrości

Widząc, że Bóg przyjął ofiarę jego brata, a jego ofiary nie przyjął, Kain zdenerwował się. Zaatakował Abla i zabił go.

W przeciągu istnienia jednego pokolenia na ziemi, nieposłuszeństwo przyniosło zazdrość, zazdrość przyniosła nienawiść, a nienawiść doprowadziła do morderstwa.

Widzimy, jak szybko rozprzestrzenia się zanieczyszczenie w sercach ludzkich, jeśli tylko jeden raz dopuszczą grzech do swojego serca. Dlatego właśnie nie powinniśmy umożliwić dostępu nawet jednemu grzechowi do naszego serca, lecz szybko się go pozbyć.

Co stało się z pierwszym mordercą Kainem? Niektórzy

ludzie uważają, że Kain nie mógł być zbawiony, ponieważ zabił swojego brata.

Kain wiedział, kim jest Bóg dzięki nauce swoich rodziców. W porównaniu z dzisiejszymi ludźmi, ludzie w czasach Kaina byli obciążeni relatywnie lekkim grzechem pierworodnym. Pomimo, że Kain zabił swojego brata w przypływie zazdrości, miał jednak czyste sumienie.

Dlatego, nawet pomimo tego, że popełnił morderstwo, Kain skruszył się dzięki Bożej interwencji i Bóg okazał mu łaskę.

Kain dostąpił zbawienie dzięki skrusze

W Księdze Rodzaju 4,13-15 czytamy o tym, jak Kain występuje w swojej obronie, twierdząc, że jego kara jest zbyt surowa i błaga o Bożą łaskę, kiedy został przeklęty przez Boga i miał bez końca wędrować po ziemi. Bóg odpowiedział mu: *„O, nie! Ktokolwiek by zabił Kaina, siedmiokrotną pomstę poniesie! Dał też Pan znamię Kainowi, aby go nie zabił, ktokolwiek go spotka."* I tak dał Bóg znamię Kainowi, aby nikt go nie zabił.

Musimy uświadomić sobie, że Kain szczerze żałował, że zabił swojego brata. Dzięki temu mógł komunikować się z Bogiem, który dął mu znamię jako znak przebaczenia. Gdyby Kain był przegrany i miał trafić do piekła, Bóg przecież nie dałby mu znamienia.

Kain musiał samotnie wędrować po ziemi, ponieważ była to kara za zabicie swojego brata, jednak ostatecznie otrzymał zbawienie dzięki temu, że żałował za grzechy. Jednakże, tak samo, jak w przypadku Adama, Kain z ledwością zyskał zbawienie i dostał się do Raju.

Bóg sprawiedliwości nie mógł pozwolić Kainowi wejść do lepszego miejsca w niebie, pomimo jego skruchy. Nawet gdyby Kain żył w czasach, kiedy było mniej grzechu, był na tyle zły, aby zabić swojego brata.

Kain mógł dostać się do lepszego miejsca w niebie, gdyby przemienił swoje złe serce na dobre i robił wszystko, co w jego mocy, aby sprawić przyjemność Bogu z całej siły i z całego serca. A jednak sumienie Kaina nie było wystarczająco dobre i czyste.

Dlaczego Bóg nie kara złych ludzi od razu?

Być może masz wiele pytań, skoro prowadzisz życie wiary na ziemi. Niektórzy ludzie są prawdziwie źli, jednak Bóg ich nie karze. Inni cierpią z powodu chorób lub umierają z powodu swego zła. Inni umierają w młodym wieku, pomimo że wydaje się, iż byli wiernymi Bogu.

Przykładowo, król Saul był na tyle zły, aby próbować zabić Dawida mimo, że wiedział, iż został on naznaczony przez Boga. Bóg jednak nie ukarał Saula. W konsekwencji Saul jeszcze bardziej prześladował Dawida.

Jest to przykład Bożej miłości. Bóg pragnął wyćwiczyć Dawida, aby uczynić go doskonałym naczyniem i uczynić go królem. Dlatego król Saul zmarł dopiero wtedy, kiedy nauka Dawida została ukończona.

Bóg karze ludzie natychmiast lub pozwala ich żyć bez wymierzenia im kary w zależności od sytuacji. Wszystko jest pełne Bożej miłości i opatrzności.

Droga zbawienia dla tych, którzy nigdy nie słyszeli ewangelii

Powinniśmy tęsknić za lepszym miejscem w niebie

W Ewangelii Jana 11, 25-26 Jezus powiedział: *„Rzekł do niej Jezus: Ja jestem zmartwychwstaniem i życiem. Kto we Mnie wierzy, choćby i umarł, żyć będzie. Każdy, kto żyje i wierzy we Mnie, nie umrze na wieki. Wierzysz w to?"*

Ci, którzy otrzymują zbawienie poprzez przyjęcie ewangelii z pewnością powstaną z martwych, otrzymają duchowe ciała i będą cieszyć się wieczną chwałą w niebie. Ci, którzy nadal żyją na ziemi zostaną porwani w niebo na spotkanie Pana, kiedy przyjedzie ponownie. Im bardzie odzwierciedlasz obraz Boga, tym lepsze miejsce w niebie otrzymasz jako swoje mieszkanie.

W Ewangelii Mateusza 11,12 Jezus mówi: *„A od czasu Jana Chrzciciela aż dotąd królestwo niebieskie doznaje gwałtu i ludzie gwałtowni zdobywają je"* oraz w Mateuszu 16,27: *„Albowiem Syn Człowieczy przyjdzie w chwale Ojca swego razem z aniołami swoimi, i wtedy odda każdemu według jego postępowania."* Natomiast w 1 Koryntian 15,41 czytamy: *„Inny jest blask słońca, a inny – księżyca i gwiazd. Jedna gwiazda różni się jasnością od drugiej."*

Z pewnością tęsknisz za lepszym miejscem w niebie. Musisz próbować stać się bardziej świętym i wiernym Bogu, abyś mógł wejść do Nowego Jeruzalem, gdzie znajduje się Tron Boży. Tak jak farmer, który zbiera plony, Bóg pragnie przyprowadzić jak największą ilość ludzi do lepszego królestwa niebieskiego.

Musisz dobrze poznać rzeczywistość duchową, aby wejść do nieba

Ludzie, którzy nie poznali dobrze Boga i Jezusa nie dostaną się do Nowego Jeruzalem, nawet jeśli będą zbawieni poprzez sąd sumienia.

Są ludzie, którzy nie rozumieją i nie wiedzą wszystkiego na temat ludzkiego życia na ziemi, charakteru Boga oraz duchowej rzeczywistości, pomimo tego, że być może słyszeli ewangelię. Dlatego, nie są świadomi działań szatana, ani tego, że mogą mieć nadzieję, aby wejść do Nowego Jeruzalem.

Bóg mówi nam: *„Przestań się lękać tego, co będziesz cierpiał. Oto diabeł ma niektórych spośród was wtrącić do więzienia, abyście próbie zostali poddani, a znosić będziecie ucisk przez dziesięć dni. Bądź wierny aż do śmierci, a dam ci wieniec życia"* (Ap. 2,10). Bóg obficie nagrodzi cię w niebie zgodnie z tym, co zbierasz. Nagroda jest bardzo cenna, ponieważ trwa na wieki.

Jeżeli zachowasz te słowa z swoim umyśle, przygotujesz się jako piękna oblubienica Pana jak pięć mądrych panien.

W 1 Tes. 5,23 czytamy: *„Sam Bóg pokoju niech was całkowicie uświęca, aby nienaruszony duch wasz, dusza i ciało bez zarzutu zachowały się na przyjście Pana naszego Jezusa Chrystusa."*

Dlatego, musisz przygotować się jako oblubienica Pana i otrzymać Ducha przed powtórnym przyjściem Jezusa lub zanim Bóg powoła cię do siebie.

Nie wystarczy przychodzić do kościoła w niedzielę i wyznać:

Droga zbawienia dla tych, którzy nigdy nie słyszeli ewangelii

„Wierzę." Musisz pozbyć się zła i być wierny domowi Bożemu. Im bardziej jesteś przyjemnością dla Boga, tym lepsze miejsce otrzymasz w niebie.

Zachęcam cię, abyś stał się prawdziwym dzieckiem Boga i otrzymał wiedzę. W imieniu Pana Jezusa, modlę się, abyś nie tylko chodził z Bogiem na ziemi, ale również żył blisko tronu Bożego w niebie na wieki wieczne.

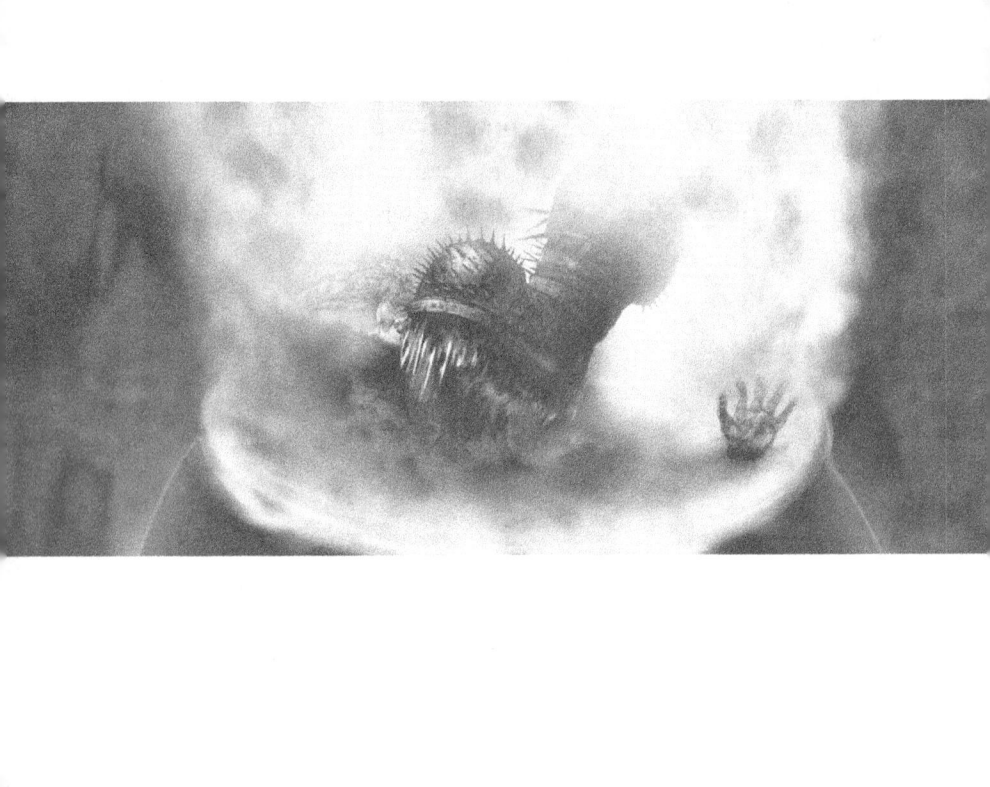

Rozdział 3

Niższy Grób oraz tożsamość posłańców piekła

Posłańcy piekła zabierają ludzi do niższego grobu

Przedsionek do świata złych duchów

Różne kary za różne grzechy wymierzane w niższym grobie

Lucyfer władcą niższego grobu

Tożsamość posłańców piekła

„Jeżeli bowiem Bóg aniołom,
którzy zgrzeszyli, nie odpuścił,
ale wydał [ich] do ciemnych lochów Tartaru,
aby byli zachowani na sąd:"
- 2 Piotra 2,4 -

„Pan się objawił, sąd przeprowadził,
w dzieła rąk swoich uwikła się występny."
- Psalmie 9,17 -

Niższy Grób oraz tożsamość posłańców piekła

Każdego roku podczas zbiorów farmerzy z radosnym zniecierpliwieniem oczekują na dobre plony. Jednakże, trudno jest za każdym razem zbierać pierwszej jakości pszenicę, nawet jeśli ciężko pracują dzień po dniu, noc po nocy, użyźniając i podlewając glebę. W plonach znajdzie się również pszenica drugiej i trzeciej jakości, a nawet chwasty.

Ludzie nie mogą spożywać chwastów. Chwastów nie można zbierać również wraz z pszenicą, ponieważ chwasty doprowadziłyby do zepsucia pszenicy. Dlatego farmerzy zbierają chwasty i palą je lub używają jako nawozu.

Tak samo Bóg pielęgnują ludzkość na ziemi. Bóg szuka prawdziwych dzieci, które posiadają święty i doskonały obraz Boga. Jednakże, są ludzie, którzy nie pozbyli się grzechu lub inni, którzy są całkowicie pochłonięci przez zło i zatracili swoje człowieczeństwo. Bóg pragnie świętych i prawdziwych dzieci, jednak zabierze do nieba również takich, którzy umarli zanim w pełni odrzucili grzech, jeśli tylko próbowali żyć w wierze.

Z jednej strony, Bóg nie wysyła ludzi do przerażającego piekła, jeśli mają wiarę ziarnka gorczycy. Z drugiej strony, ci, którzy nie wierzą w Chrystusa i walczą przeciwko Bogu do końca nie mają innej możliwości, jak tylko piekło, ponieważ wybrali drogę zniszczenia.

W takim razie, w jaki sposób potępieni znajdą się z Niższym Grobie i jak zostaną ukarani? Szczegółowo wyjaśnię w tym rozdziale kwestie Niższego Grobu, który jest częścią piekła oraz opiszę tożsamość posłańców piekła.

Posłańcy piekła zabierają ludzi do niższego grobu

Z jednej strony, kiedy zbawiony człowiek umiera w wierze, dwóch aniołów przychodzi i prowadzi go do wyższego grobu, który jest częścią nieba. W Ewangelii Łukasza 24,2 czytamy o dwóch aniołach, którzy czekali na Jezusa po tym, jak został pochowany i zmartwychwstał. Z drugiej strony, kiedy umiera człowiek potępiony, dwóch posłańców piekła przychodzi, aby zabrać go do niższego grobu. Można stwierdzić, czy dany człowiek, który jest na łożu śmierci dostąpił zbawienia czy został potępiony, patrząc na jego wyraz twarzy.

Na moment przed śmiercią

Duchowe oczy ludzi są otwarte na chwilę przed śmiercią. Osoba umiera spokojnie z uśmiechem, jeśli widzi aniołów światłości, a jej ciało nie sztywnieje tak szybko. Nawet po 2-3 dniach ciało nie śmierdzi, a osoba wygląda jakby nadal żyła.

Jakże przerażeni muszą być ludzie, którzy widzą posłańców piekła? Umierają w strachu i nie są w stanie zamknąć oczu.

Jeżeli czyjeś zbawienie nie jest pewne, aniołowie i posłańcy piekła walczą, aby zabrać duszę zmarłego. Dlatego ludzie są przerażeni aż do chwili śmierci. Jakże przerażony i niepewny musi być człowiek, który widzi posłańców piekła, którzy zabierają go ze sobą i powtarzają słowa: „On nie ma dość wiary, aby zostać zbawiony."

Kiedy człowiek słabej wiary jest na łożu śmierci, ludzie o

mocnej wierze powinni pomóc mu wzmocnić wiarę poprzez uwielbienie oraz chwalenie Boga. Dzięki wierze może on otrzymać zbawienie nawet na łoży śmierci, jednak będzie do jedynie zbawienie, które pozwoli mu zamieszkać w Raju.

Można zauważyć, jak człowiek na łożu śmierci uspokaja się, ponieważ ma wiarę, aby zostać zbawionym, kiedy ludzie wokół niego uwielbiają Boga. Jeśli człowiek o mocnej wierze jest na łożu śmierci, nie trzeba mu pomagać, aby wzmocnić jego wiarę. Lepiej dać mu nadzieję i radość.

Przedsionek do świata złych duchów

Z jednej strony, nawet osoba, która ma słabą wiarę może być zbawiona, jeśli jej wiara wzmocni się na łożu śmierci dzięki uwielbieniu Boga. Z drugiej strony, jeśli dany człowiek nie zyska zbawienia, posłańcy piekła poprowadzą go do przedsionka do Niższego Grobu i będzie musiał przystosować się do świata złych duchów.

Tak, jak zbawieni mają trzy dni w wyższym grobie, aby się przystosować, tak potępieni pozostają trzy dni w przedsionku do niższego grobu, który przypomina wielką otchłań.

Trzy dni przystosowania

Przedsionek do wyższego grobu, w którym przebywają zbawienie jest pełen radości, pokoju i nadziei na chwalebne życie, które ich czeka. Przedsionek do Niższego Grobu jest czymś zupełnie przeciwnym.

Potępieni będą żyć w nieznośnym bólu, karani zgodnie z ich uczynkami na ziemi. Zanim wpadną do niższego grobu, przygotują się na życie w świecie złych duchów w przedsionku do niższego grobu. Te trzy dni w przedsionku nie są spokojne, ponieważ są dla nich wstępem do bolesnego życia.

Różne ptaki z wielkimi dziobami dziobią potępionych. Ptaki są brzydkie i odrażające – nie są podobne do ptaków na ziemi.

Potępione dusze są oddzielone od ciał i stąd może się wydawać, że nie odczuwają bólu. A jednak te ptaki mogą ich ranić, ponieważ ptaki również są istotami duchowymi.

Kiedy ptaki dziobią duszę potępionych, ich ciała upadają i krwawią. Potępieni nie są w stanie ich odpędzić. Cierpią i krzyczą z bólu, ponieważ ptaki wydziobują również ich oczy.

Różne kary za różne grzechy wymierzane w niższym grobie

Po trzech dniach pobytu w przedsionku, potępieni zostają przeniesieni do innego miejsca, gdzie dostąpią kary w Niższym Grobie zgodnie z ich grzechami, które popełniali na ziemi. Niebo ma wiele przestrzeni. W piekle jest również dużo miejsca, aby mogło zmieścić się wielu potępionych.

Różne miejsce, gdzie wymierzane są kary

Ogólnie, Niższy Grób jest ciemny i wilgotny, a potępionym

jest tam gorąco. Potępieni są torturowani, bici i ranieni.

Na ziemi, kiedy tracisz rękę lub nogę, musisz żyć bez niej. Kiedy umierasz, twoje agonia i problemy znikną wraz z chwilą śmierci. W niższym grobie, jeżeli zostanie ci odcięta głowa, szyja sama się zregeneruje i nadal będziesz cierpieć. Nawet jeśli stracisz jakąś część ciała, twoje ciało szybko ją odbuduje. Nie da się pociąć wody nawet najostrzejszym nożem, żadne tortury nie doprowadzą do końca agonii potępionych.

Oczy odnowią się, jeśli ptaki je wydziobią. Jeżeli zostaniesz zraniony i twoje wnętrzności wypłyną, niedługo wrócisz do formy. Twoja krew będzie mogła być przelewana na wieki. Potępiony człowiek będzie poddawany torturom cały czas.

Dlatego właśnie spod Niższego Grobu wypływa rzeka krwi. Pamiętaj, że duch jest nieśmiertelny. Kiedy jest poddawany torturom, ból również trwa na wieki. Dusze będą błagać o śmierć, jednak nie mogą umrzeć. Niższy Grób jest pełen krzyków, jęków i zapachu krwi.

Przerażające krzyki w niższym grobie

Zakładam, że niektórzy z czytelników bezpośrednio doświadczyli tego, czym jest wojna. Jeśli nie, to być może widzieliście sceny bólu i krzyku w filmach historycznych lub dokumentalnych. Wszędzie pełno rannych ludzi – ludzi, którzy stracili kończyny, oczy czy jakiekolwiek inne części ciała. Nikt nie jest w stanie przewidzieć, kiedy znów spadnie grad artyleryjski. Wszędzie pełno dymu, zapachu krwi, jęków i krzyków. Niektórzy nazywają coś takiego „piekłem na ziemi."

Jednakże, sceny w Niższym Grobie będą bardziej przerażające niż najgorsze sceny wojny. Co więcej, dusze w Niższym Grobie cierpią nie tylko z powodu obecnych tortur, ale również z powodu tortur, które dopiero mają nadejść.

Cierpienia są dla nich zbyt ciężkie i próbują uciec. Ponadto, w piekle czeka na nich ogień i siarka.

Jakże pełne żalu będą dusze potępionych, kiedy trafią do pełnego ognia i siarki piekła: „Powinienem był uwierzyć, kiedy głosili ewangelię. Powinienem odrzucić grzech." Jednak nie ma już dla nich drugiej szansy ani możliwości zbawienia.

Lucyfer władcą niższego grobu

Nikt nie jest w stanie sobie wyobrazić ogromu kary w niższym grobie. Podobnie jak na ziemi różne są metody tortur, tak samo będzie z torturami w niższym grobie.

Ciała niektórych potępionych zgniją, innym robaki wyssają krew, inni będą stać na kamieniach lub piasku, którego temperatura będzie palić ich stopy bardziej niż piasek na najbardziej rozgrzanej plaży. Czasami posłańcy piekła będą torturować potępionych przy użyciu wody, ognia lub innych metod.

Bóg miłości nie ma władzy w miejscy dla potępionych. Bóg przekazał władzę złym duchom, aby władały tym miejscem. Ich dowódcą jest Lucyfer, który rządzi z niższym grobie, gdzie przebywają potępieni. Nie ma litości ani żalu, Lucyfer ma kontrolę nad wszystkim w niższym grobie.

Tożsamość Lucyfera – dowódcy wszelkich złych duchów

Kim jest Lucyfer? Lucyfer był jednym z archaniołów, umiłowanych przez Boga. Został nazwany „synem jutrzenki" (Iz. 14,12). Jednak zbuntował się przeciwko Bogu i stał się dowódcą złych duchów.

Aniołowie w niebie nie mają w sobie człowieczeństwa ani wolnej woli. Dlatego, nie mogą dokonywać wyborów, lecz postępują zgodnie z tym, co nakazane. Jednakże, niektórzy aniołowie otrzymali cechy ludzkie i Bóg dzieli się z nimi swoją miłością. Lucyfer, który był jednym z tych aniołów, był odpowiedzialny za muzykę w niebie. Lucyfer chwalił Boga pięknym głosem i na instrumentach oraz oddawał chwałę Bogu swoim śpiewem.

Jednak stopniowo stał się arogancki, ponieważ szczególna miłość Boża oraz pragnienie wielkości i mocy doprowadziły go do buntu przeciwko Bogu.

Lucyfer zbuntował się przeciwko Bogu

Biblia mówi, że ogromna liczba aniołów podążyła za Lucyferem (2 Piotra 2,4; List Judy 1,6). W niebie jest niezliczona liczba aniołów, jednak około 1/3 z nich podążyło za Lucyferem. Możesz sobie wyobrazić jak wielu aniołów poszło za Lucyferem, który w swojej arogancji zbuntował się przeciwko Bogu.

Jak to możliwe, że tak wielu aniołów poszło za Lucyferem?

Łatwo to zrozumieć, jeśli uświadomimy sobie, że aniołowie słuchają rozkazów i postępują jak maszyny.

Po pierwsze, Lucyfer zdobył poparcie aniołów dowodzących, którzy byli pod jego wpływem i łatwo podporządkował sobie aniołów, którzy byli pod ich kierownictwem.

Poza tymi aniołami, smoki oraz część cherubinów również podążyło za Lucyferem w jego rebelii. Lucyfer zbuntował się i został pokonany, a następnie wygnany wraz ze swoimi naśladowcami z nieba, gdzie się znajdował. Zostali uwięzieni w otchłani, aż do momenty powstania życia na ziemi.

> *Jakże to spadłeś z niebios, Jaśniejący, Synu Jutrzenki? Jakże runąłeś na ziemię, ty, który podbijałeś narody? Ty, który mówiłeś w swym sercu: Wstąpię na niebiosa; powyżej gwiazd Bożych postawię mój tron. Zasiądę na Górze Obrad, na krańcach północy. Wstąpię na szczyty obłoków, podobny będę do Najwyższego. Jak to? Strąconyś do Szeolu na samo dno Otchłani!* (Iż. 14, 12-15)

Lucyfer był niezwykle piękny, kiedy żył w pełni Bożej miłości w niebie. Po buncie, stał się jednakże brzydki i przerażający.

Ludzie, którzy widzieli Lucyfera dzięki swoim duchowym oczom, stwierdzili, że jest brzydki i odpychający. Wygląda przeraźliwie ze swoimi rzadkimi ufarbowanymi na różne kolory włosami: czerwone, białe i żółte.

Lucyfer sprawia, że ludzie obecnie naśladują jego styl. Kiedy tańczą, są dzicy, brzydcy i wskazują palcami.

Lucyfer kreuje trendy w naszych czasach przekazuje je poprzez mass media i kulturę. Niniejsze trendy mogą zranić ludzkie emocje i doprowadzić do chaosu. Co więcej, takie trendy powodują, że ludzie oddalają się od Boga i zaprzeczają Jego istnieniu.

Dzieci Boże powinny być inne i nie podążać za świeckimi trendami. Jeżeli będziesz za nimi podążać, odsuniesz od siebie miłość Bożą, ponieważ trendy światowe zajmą twoje serce i myśli (1 Jana 2,15).

Złe duchy sprawiają, że Niższy Grób jest przerażającym miejscem

Z jednej strony Bóg miłości jest dobrocią sam w sobie. W swojej mądrości i dobroci przygotowuje wszystko dla nas. On pragnie, abyśmy żyli w największym szczęściu w pięknym niebie. Z drugiej strony, Lucyfer jest samym złem. Złe duchy jako naśladowcy Lucyfera zawsze myślą o tym, aby uprzykrzyć ludziom życie. W swej złej mądrości, sprawiają, że Niższy Grób jest przerażającym miejscem, gdzie stosują wszelkie okrutne metody tortur.

Nawet na tym świecie, podczas historii ludzkości ludzie stosują różne okrutne metody tortur. Kiedy Korea była pod władzą Japonii, Japończycy torturowali liderów koreańskich ruchów niepodległościowych przekłuwając ich palce bambusami lub wyrywając ich paznokcie. Wlewali im do oczu oraz nozdrzy mieszankę czerwonej papryki i wody. Odurzający smród płonącego ciała wypełniał pokój tortur, ponieważ Japończycy dotykali różnych części ciała rozgrzanymi metalowymi przyrządami. Koreańczycy byli tak okrutnie bici, że ich organy wewnętrzne wylewały się na zewnątrz.

W jaki sposób torturowano przestępców w historii Korei? Skręcano im nogi, przestępcę związywano wokół kostek i kolan, a następnie umieszczono dwa kije pomiędzy jego łydkami. Kości w nogach karanego rozpadały się na kawałki, kiedy prześladowca poruszał kijami. Czy potrafisz sobie wyobrazić jak bolesne było coś takiego?

Tortury ludzkie są tak okrutne, jak tylko można sobie wyobrazić. O ileż bardziej okrutne muszę być tortury zadawane przez złe duchy, które są potężniejsze i mądrzejsze? Dla nich przyjemnością jest opracowanie różnorodnych metod tortur oraz prześladowanie potępionych.

Dlatego każdy z nas powinien poznać świat złych duchów. Wtedy będziemy w stanie je pokonać. Możemy je pokonać, kiedy zachowujemy świętość oraz czystość, nie idąc na kompromis ze światem.

Tożsamość posłańców piekła

Kim są posłańcy piekła, którzy torturują potępionych w niższym grobie? Są upadłymi poddanymi Lucyfera, który zbuntował się przed założeniem świata.

I aniołów, tych, którzy nie zachowali swojej godności, ale opuścili własne mieszkanie, spętanych wiekuistymi więzami zatrzymał w ciemnościach na sąd wielkiego dnia (Jud. 1,6).

Upadli aniołowie nie mogli wyjść na świat, ponieważ Bóg zamknął ich w ciemności aż do dnia sądu Wielkiego Białego Tronu. Niektórzy ludzie uważają, że demon są upadłymi aniołami, jednak to nie prawda. Demony są potępionymi, uwolnionymi z niższego grobu, aby wykonywać pracę w szczególnych okolicznościach. Dokładniej wyjaśnię niniejsze kwestie w rozdziale 8.

Aniołowie, którzy upadli z Lucyferem

Bóg zamknął upadłych aniołów w ciemności, aby ich osądzić. Stąd, upadli aniołowie nie mogą wyjść na świat z wyjątkiem szczególnych okazji.

Aniołowie byli piękni zanim zbuntowali się przeciwko Bogu. Jednakże, posłańcy piekła nie są piękni odkąd upadli i zostali przeklęci.

Wyglądają przerażająco tak, że byłbyś zniesmaczony. Ich wizerunek jest podobny do twarzy ludzkich lub różnych obrzydliwych zwierząt.

Ich wygląd jest podobny do okropnych zwierząt takich jak świnie opisane w Biblii (Księga Kapłańska 11). Mają brzydkie i przeklęte wizerunki. Ozdabiają swoje ciała groteskowymi kolorami i wzorami.

Mają na sobie żelazną zbroję i wojskowe buty. Ostre narzędzia tortur przymocowane są do ich ciał. Mają może, włócznie lub łuki w sowich rękach.

Mają dominujące nastawienie i możesz odczuć ich niezwykłą potęgę, kiedy się ruszają, ponieważ w ciemności ćwiczą swoją moc i władzę. Ludzie boją się demonów. Jednak posłańcy piekła są bardziej przerażający niż demony.

Posłańcy piekła prześladują dusze

Jaka jest rola posłańców piekła? Ich celem jest torturowanie potępionych dusz, ponieważ mają władzę nad piekłem.

Osoby, które mają otrzymać surowe kary w Niższym Grobie będą torturowane właśnie przez posłańców piekła. Na przykład, obrzydliwy posłaniec piekła kroi ciała dusz lub napełnia je jak balony i biczuje je.

Dodatkowo, torturują ludzi różnymi metodami. Nawet dzieci nie są wyłączone z takich tortur. Co jest prawdziwie przykre to fakt, że bicie i torturowanie dzieci sprawia im przyjemność. Dlatego, powinieneś zrobić, co w twojej mocy, aby pomóc choć jednej duszy, aby nie trafiła do piekła, które jest okrutnym, przerażającym i ohydnym miejscem wypełnionym bólem i cierpieniem bez końca.

Byłem na granicy śmierci z powodu stresu i przepracowania w 1992 roku. W tamtym czasie, Bóg pokazał mi wielu członków kościoła, którzy podążali za wzorcami tego świata. Miałem nadzieję, że będę w Panem, zanim taka scena ukaże się moim oczom. Jednak nie mogłem dłużej pragnąć być z Panem, ponieważ wiedziałem, że zbyt wiele owieczek może trafić do piekła.

Dlatego zmieniłem zdanie i poprosiłem Boga, aby dodał mi siły. Bóg dał mi siłę i ku mojemu zaskoczeniu byłem w stanie wstać z łoża śmierci i wyzdrowieć. Moc Boża ożywiła mnie. Ponieważ wiedziałem tak wiele na temat piekła, wiernie głosiłem tajemnice na temat piekła, a Bóg odkrył przede mną nadzieję zbawienia dusz.

Rozdział 4

Kary w Niższym Grobie dla potępionych dzieci

Płody oraz noworodki

Małe dzieci

Dzieci, które potrafią chodzić i mówić

Dzieci od 6-12 roku życia

Młodzież, która wyśmiała proroka Eliasza

*„...z którym żyłem w słodkiej zażyłości,
chodziliśmy po domu Bożym w orszaku świątecznym."*
- Psalmie 55,15 -

*„Stamtąd poszedł do Betel. Kiedy zaś postępował drogą,
mali chłopcy wybiegli z miasta i naśmiewali się z niego wzgardliwie,
mówiąc do niego: Przyjdź no, łysku! Przyjdź no, łysku!
On zaś odwrócił się, spojrzał na nich i przeklął ich w imię Pańskie.
Wówczas wypadły z lasu dwa niedźwiedzie
i rozszarpały spośród nich czterdzieści dwoje dzieci."*
- 2 Królewska 2,23-24 -

Kary w Niższym Grobie dla potępionych dzieci

We wcześniejszych rozdziałach, opisałem upadłego anioła Lucyfera, który rządzi piekle oraz w jaki sposób inni aniołowie są poddani Lucyferowi. Posłańcy piekła torturują potępionych zgodnie z ich grzechami. Ogólnie kary w Niższym Grobie są podzielone na cztery kategorie. Najlżejsze kary są dla ludzi, którzy znaleźli się w piekle z powodu sądu sumienia. Najcięższe kary są dla ludzi, których sumienie zostało oznaczone gorącym żelazem, a którzy sprzeciwili się Bogu jak Judasz, który sprzedał Jezusa dla osobistego zysku.

W kolejnych rozdziałach szczegółowo wyjaśnię rodzaje kar dla potępionych w niższym grobie, który jest częścią piekła. Zanim zagłębimy się w rodzaje kar, których doświadczą dorośli, omówię rodzaje kar dla potępionych dzieci, ponieważ są różne dla różnych grup wiekowych.

Płody oraz noworodki

Nawet bezmyślne dziecko może pójść do niższego grobu, jeśli nie przejdzie pozytywnie przez sąd sumienia, ponieważ posiada grzeszną naturę odziedziczoną od rodziców. Dziecko otrzyma relatywnie lekką karę, ponieważ jego grzech jest lekki w porównaniu z grzechami dorosłych, jednak będzie cierpieć z powodu głodu i bólu.

Krzyki i cierpienie w powodu głodu

Odstawione od piersi dzieci, które nie potrafią jeszcze

chodzić należą do oddzielnej kategorii i przebywają w olbrzymim miejscu. Nie potrafią myśleć, ruszać się ani samodzielnie chodzić, ponieważ potępione dzieci zachowuję takie same cechy i sumienie, jakie miały w chwili śmierci.

Co więcej, nie są świadome tego, dlaczego znalazły się w piekle, ponieważ nie mają żadnej wiedzy w sowim umyśle. Płaczą z głodu nie znając nawet swoich rodziców. Posłańcy piekła kłują brzuch, ręce, nogi, oczy i palce dziecka ostrym narzędziem, które przypomina świder. Dziecko płacze, a posłaniec piekła przygląda się temu z przyjemnością. Pomimo że dzieci ciągle płaczą, nikt się nimi nie zajmuje. Ich płacz trwa pomimo wyczerpania i bólu. Ponadto, posłańcy piekła gromadzą się, wypierają jedno dziecko i dmuchają je jak balon. A następnie rzucają, kopią i grają nim w ramach zabawy. Jakże okrutne i bezwzględne jest takie zachowanie?

Opuszczone płody nie doświadczają ciepła i komfortu

Jakie jest przeznaczenie płodów, które umierają zanim się narodzą? Jak już wyjaśniłem, większość z nim będzie zbawionych, jednak są wyjątki. Niektóre płody nie mogą dostąpić zbawienie, ponieważ mają okropną naturę, którą odziedziczyły po swoich rodzicach, którzy sprzeciwili się Bogu i popełniali złe uczynki. Dusze potępionych dzieci są zgromadzone w jednym miejscu tak, jak dusze niemowląt.

Nie są torturowane tak okrutnie jak dusze dorosłych ludzi, ponieważ nie miały sumienia i nie popełniły żadnego grzechu do momentu śmierci. Ich kata oraz przekleństwo są takie, że dzieci pozostają same i nie mają możliwości doświadczyć ciepła i komfortu łona matki.

Ciała uwięzione w niższym grobie

W jakiej formie są potępione dusze w niższym grobie? Z jednej strony, jeśli odstawione od piersi dziecko umiera, będzie miało formę odstawionego od piersi dziecka. Jeżeli płód umiera w łonie matki, w Niższym Grobie znajdzie się w formie płodu. Z drugiej strony, zbawieni w niebie przyjmą odnowione ciała prze drugim przyjściu Jezusa, pomimo tego, że mieli taką samą formę na świecie. W tamtym czasie, każdy zostanie przekształcony w piękną 33-letnią osobę na podobieństwo Jezusa i otrzyma duchowe ciało. Niska osoba będzie mieć optymalny wzrost, a osoba, która na ziemi nie miała ręki lub nogi, będzie mieć wszystkie części ciała.

Jednakże, potępieni w piekle nie mogą otrzymać nowych ciał po drugim przyjściu Chrystusa. Nie zostaną zmartwychwzbudzeni, ponieważ nie otrzymają nowego życia w Chrystusie i dlatego, będą mieć taką samą formę jak po śmierci. Ich twarze i ciała są blade i ciemno-niebieskie – jak zwłoki, a ich włosy są przerzedzone z powodu okrucieństw piekła. Niektórzy z nich mają na sobie szmaty, a niektórzy są zupełnie nadzy i nie mają czym się okryć.

W niebie zbawieni mają na sobie piękne białe szaty oraz lśniące korony. Ponadto, jasność ich szat oraz ozdób różni się w zależności od chwały i nagrody, jaką otrzymają. Natomiast w piekle wygląd potępionych dusz różni się w zależności od wielkości i rodzajów ich grzechów.

Małe dzieci

Nowonarodzone dzieci rosną i uczą się, jak stać, chodzić i wymawiać słowa. Kiedy małe dzieci umierają, jakiego rodzaju kary są dla nich przeznaczone?

Małe dzieci również będą zgromadzone w jednym miejscu. Nie cierpią intensywnie, ponieważ nie były w stanie myśleć logicznie ani rozsądnie osądzić różnych kwestii w chwili śmierci.

Małe dzieci w przerażeniu płaczą za swoimi rodzicami

Małe dzieci mają jedynie 2-3 latka. Stąd, nie są świadome śmierci ani nie wiedzą, dlaczego znalazły się w piekle, jednak pamiętają swoich rodziców. Dlatego krzyczą: „Gdzie jest moja mama? Tatuś? Chcę do domu! Dlaczego tutaj jestem?"

Kiedy żyły na świecie, ich mamy szybko przychodziły i przytulały mocno, kiedy na przykład upadły i zadrapały się. Jednakże, ich matki nie przyjdą, aby ich pocieszyć, nawet jeśli będą krzyczeć i płakać, ponieważ ich ciała będą całe w krwi. Czyż małe dziecko nie płacze z przerażeniem, kiedy odłączy się od matki w sklepie lub centrum handlowym?

Nie potrafią znaleźć swoich rodziców, którzy ochroniliby ich od okrucieństwa piekła. Sam fakt jest na tyle przerażający, by powodować nieznośny lęk. Co więcej, przeraźliwe głosy i groteskowy śmiech posłańców piekła zmusza ich do krzyku i płaczu, jednak wszystko na nic.

Dla zabicia czasu posłańcy piekła klepią dzieci i biczują je. Zszokowane dzieci w bólu próbują od nich uciekać. Jednak w tak zatłoczonym miejscu dzieci nie mają gdzie uciec, w błocie i łzach wpadają jeden na drugiego, ranią się i przekrzykują. W tych okrutnych okolicznościach dzieci płaczą, ponieważ tęsknią za swoimi matkami, są głodne i przerażone. Samo to jest już dla nich niczym piekło. Mało prawdopodobne jest, aby dzieci w wieku 2-3 lat popełniły poważny grzech lub przestępstwo. Mimo to zostaną okrutnie ukarane z powodu grzechu pierwotnego oraz grzechów popełnionych. O ileż bardziej będą ukarani dorośli, którzy popełniają więcej poważnych grzechów niż dzieci?

Jednakże, każdy może być uwolniony od kary piekła, jeśli przyjmie Jezusa, który umarł na krzyżu, aby nas wybawić i żyje w światłości. Każdy może trafić do nieba, ponieważ jego grzechy z przeszłości zostały przebaczone.

Dzieci, które potrafią chodzić i mówić

Dzieci, które zaczynają chodzić i wymawiać słowa, biegają i mówią, kiedy osiągną wiek trzech lat. Jakiego rodzaju kary spadną na takie dzieci w wieku od 3-5 lat w niższym grobie?

Posłańcy nieba gonią ich z włóczniami

Dzieci w wieku od 3 do 5 lat są oddzielone w ciemnej i ogromnej przestrzeni oraz opuszczone, aby tam odbyć karę. Za wszelką cenę starają się uciec, aby uniknąć posłańców piekła, którzy ścigają ich z trójzębnymi włóczniami.

Trójzębne włócznie to włócznie, których końcówka podzielona jest na trzy części. Posłańcy piekła ścigają dusze dzieci, kłując je włóczniami w taki sposób jak myśliwi nakłuwają swoją ofiarę. W końcu dzieci dobiegają do klifu, a w dole widzą wodę, gotującą się niczym lawa wulkanu. W pierwszej chwili dzieci wahają się, czy skoczyć, jednak w końcu są zmuszone, aby zeskoczyć z klifu, aby uniknąć posłańców piekła, którzy ich ścigają. Nie mają innego wyboru.

Próbują wydostać się z wrzącej wody

Dzieci mogą uniknąć kłucia włócznią z ręki posłańców, jednak przez to wpadają do gotującej wody. Czy możesz sobie wyobrazić, jakie to musi być bolesne? Dzieci próbują trzymać chociaż twarze poza poziomem wrzącej wody, ponieważ parzy ich nozdrza i usta. Kiedy posłańcy to widzą, naigrywają się z dzieci: „Czyż to nie jest zabawne?" lub „Ależ to przyjemne." Posłańcy krzyczą do dzieci: „Kto pozwolił, aby dzieci wpadły do piekła? Poprowadźmy ich rodziców drogą śmierci, przyprowadźmy ich tutaj, kiedy umrą i pozwólmy im patrzeć na cierpienie ich torturowanych dzieci."

Dzieci próbują uciec z wrzącej wody, jednak zostają złapane

w wielką sieć i wracają do miejsca, z którego zaczynały swoją ucieczkę. Od tej chwili bolesny proces ucieczki przed posłańcami piekła i skok do gorącej wody rozpoczynają się na nowo – i tak bez końca.

Dzieci mają jedynie 3-5 lat. Nie potrafią zbyt dobrze biegać. A jednak próbują uciekać, aby uniknąć posłańców piekła, którzy ścigają ich z włóczniami. Docierają do klifu. Wskakują do wrzącej wody i ponownie walczą, aby się z niej wydostać. Znów zostają schwytani w sieć i wracają do miejsca, gdzie rozpoczyna się ich ucieczka. Taka sytuacja powtarza się bez końca. Jakże to przerażające i okrutne!

Czy kiedykolwiek poparzyłeś sobie palec gorącym żelazkiem lub garnkiem? Wiesz, jak bardzo to bolesne. Wyobraź sobie, jak to jest kiedy całe ciało byłoby zanurzone we wrzącej wodzie. To bolesne i okropne, nawet jeśli tylko o tym myślimy.

Jeśli kiedykolwiek miałeś poparzenia trzeciego stopnia, być może pamiętasz, jak bardzo bolesne to było. Być może również pamiętasz spalone ciało i smród spalonego mięsa, okropny odór martwych komórek spalonego ciała.

Nawet kiedy poparzona część się zagoi, pozostają brzydkie rany. Większość ludzi ma trudności, aby przebywać w towarzystwie ludzi, którzy mają takie blizny. Czasami nawet rodzina ofiary ma trudności, aby zjeść wspólny obiad. Podczas leczenie, pacjent ma trudności, aby znieść swędzenie poparzonego ciała, a w gorszych przypadkach, u pacjentów rozwija się zaburzenie umysłowe lub popełniają samobójstwo, ponieważ mają dziwne wrażenie i nie potrafią sobie z tym poradzić. Jeżeli dziecko ucierpi z powodu poparzenia, rodzice również odczuwają ból.

A jednak nawet najgorsze poparzenia na świecie nie są porównywalne z tym, jak ukarane zostaną potępione dzieci, które trafią do piekła. Ogrom bólu i okrucieństwa kary jest niewyobrażalny.

Nie ma gdzie uciec ani gdzie się ukryć, aby uniknąć kary

Dzieci uciekają i uciekają, aby uniknąć posłańców piekła, którzy ścigają ich z trójzębnymi włóczniami, i wpadają do wrzącej wody. Woda zalewa ich całkowicie, wpływając do nozdrzy i ust, kiedy próbują się wydostać. Nie można tego porównać z żadnym poparzeniem na tym świecie, bez względu na to jak byłoby poważne.

Zmysły dzieci nie są osłabione, pomimo że wciąż doświadczają bólu. Nie oszaleją, nie zapominają, ani nie stają się znieczulone na ból. Nie mogą też popełnić samobójstwa. Jakże to okropne!

Właśnie w taki sposób dzieci w wieku 3-5 lat cierpią w Niższym Grobie karę za swoje grzechy. Czy potrafisz sobie wyobrazić karę, jaka czeka na osoby dorosłe w innych częściach piekła?

Dzieci od 6-12 roku życia

Jakiego rodzaju kary czekają na potępione dzieci w wieku 6-12 lat w niższym grobie?

Pochowani w rzece krwi

Od stworzenia świata, niezliczona liczba potępionych dusz przelała krew w okrutnych torturach w niższym grobie. Jak wiele krwi musiało zostać przelane skoro ich ciała odnawiają się, ręce i nogi odrastają na nowo, nawet kiedy zostają odcięte?

Ilość krwi jest wystarczająca, aby stworzyć rzekę, ponieważ ich kary powtarzają się bez końca, więc krew się ciągle przelewa. Nawet na tym świecie po wojnie lub masakrze krew ludzka może wytworzyć kałużę lub strumień. W takiej sytuacji powietrze wypełnione jest odorem psującej się krwi. W gorące dni smród jest jeszcze gorszy i przyciąga wszelkie insekty, które mogą spowodować epidemię.

W Niższym Grobie w piekle nie ma małej kałuży ani strumienia, lec szeroka i głęboka rzeka krwi. Dzieci w wieku 6-12 lat są karane nad brzegiem rzeki i pochowane. Im gorszy grzech, tym bliżej rzeki i głębiej w ziemi zostają pochowane.

Kopanie w ziemi

Dzieci, które znajdują się daleko od rzeki krwi nie są pochowane w ziemi. Nadal są głodne i gołymi rękami kopią w ziemi w poszukiwaniu jedzenia. Na próżno kopią, tracą paznokcie, a ich opuszki palców ranią się. Palce są zdarte i krwawią. Nawet kości palców są widoczne. W końcu ich ręce i palce są całkowicie zużyte. Pomimo bólu dzieci zmuszone są kopać w nadziei, że znajdą jedzenie.

Kiedy podejdziesz bliżej rzeki zauważysz, że dzieci są gorsze. Im gorsze dzieci, tym bliżej rzeki się znajdują. Walczą ze sobą, gryzą się z głodu, pomimo, że są częściowo zakopane w ziemi.

Najgorsze dzieci są ukarane nad samym brzegiem rzeki i pochowane w ziemi po szyję, Ponieważ krew nie może płynąć przez ich ciało. Ponieważ nie ma tam śmierci, oznacza to jedynie niekończącą się agonię potępionych dusz karanych w piekle.

Cierpią wdychając obrzydliwy odór rzeki. Wszelkie insekty, jak muchy czy komary, znad rzeki kąsają twarze dzieci, które nie mogą ich odgonić, ponieważ są zakopane w ziemi. W końcu, ich twarze stają się spuchnięte do tego stopnie, że nie da się ich rozpoznać.

Przerażone dzieci: zabawki posłańców piekła

Jednak I to nie jest koniec ich cierpienia. Bębenki w ich uszach mogą pęknąć z powodu głośnego śmiechy posłańców piekła, którzy odpoczywają nad brzegiem rzeki, śmiejąc się i rozmawiając. Posłańcy piekła, kiedy odpoczywają, deptają lub siadają na głowach dzieci zakopanych w ziemi.

Ubrania i buty posłańców piekła są wyposażone w najostrzejsze przedmioty. Stąd głowy dzieci są zgniecione, ich twarze poranione a włosy wyrwane, kiedy posłańcy deptają je lub siadają na nich. Co więcej, posłańcy biją dzieci po twarzy i deptają im po głowach. Jakże to okrutne!

Być może zastanawiasz się: „Czy to możliwe, aby dzieci w takim wieku popełniły grzechy wystarczające, aby otrzymać tak surową karę?" Bez względu na to, jak młode są to dzieci, mają na sumieniu grzech pierwotny oraz grzechy, które popełniły. Prawo duchowe, które podaje, że „karą za grzech jest śmierć" ma zastosowanie do każdego człowieka bez względu na wiek.

Młodzież, która wyśmiała proroka Eliasza

W 2 Księdze Królów 2,23-24 czytamy o proroku Eliaszu, który szedł z Jerycha do Betelu. Dzieci z miasta naśmiewały się z niego, krzycząc: „Łysy, idzie łysy." Prorok Eliasz nie mógł tego znieść, więc przeklął dzieci. Dwie niedźwiedzice wyszły z lasu i rozszarpały dzieci na strzępy. Jak myślisz, co się stało 42 dzieciom w niższym grobie?

Zakopani w ziemi po szyję

Dwie niedźwiedzice rozszarpały 42 dzieci. Możesz sobie wyobrazić, ile dzieci szło za prorokiem i wyśmiewało się z niego. Elisza był prorokiem, który wykonał wiele dzieł Bożych. Innymi słowy, Eliasz z pewności nie przeklął ich z powodu kilku słów.

Dzieci podążały za nim i naśmiewały się: „Idzie łysy!" Rzucały w niego kamieniami i szturchały go patykami. Prorok Eliasz musiał się szczerze rozgniewać, jednak przeklął ich jedynie dlatego, że były złymi dziećmi, którym nie zostałoby wybaczone.

Niniejsza sytuacja miała miejsce kilka tysięcy lat temu, kiedy sumienie ludzkie było w lepszym stanie i zło nie przeważało tak, jak w naszych czasach. Te dzieci musiały być naprawdę złe, aby wyśmiewać proroka Eliasza, który wypełniał Bożą wolę.

W Niższym Grobie dzieci zostały ukarane w pobliżu rzeki i zakopane w ziemi po szyję. Duszą się w powodu smrodu z rzeki, a insekty intensywnie je kąsają. W dodatku, posłańcy piekła torturują ich.

Rodzice powinni ukierunkować swoje dzieci

Jak zachowują się dzieci w naszych czasach? Niektóre zostawiają swoich przyjaciół na zimnie, inne zabierają im pieniądze, biją je lub parzą papierosami – a wszystko dlatego, że ich nie lubią. Niektóre dzieci popełniają nawet samobójstwa, ponieważ nie potrafią poradzić sobie z takim traktowaniem. Inne dzieci, które działają w ramach zorganizowanych gangów, nawet w szkole podstawowej, zabijają ludzi, naśladując kryminalistów.

Dlatego rodzice powinni wychowywać swoje dzieci w taki sposób, aby zapobiec kompromisom wzorców tego świata i prowadzić ich tak, by prowadziły życie wiary w bojaźni Bożej. Jakże byłoby ci przykro, gdybyś wszedł do nieba i zobaczył swoje dzieci torturowane w piekle? Okropna jest sama myśl o tym.

Stąd, powinniśmy wychowywać nasze dzieci, aby żyły w wierze zgodnie z prawdą. Na przykład, należy nauczać dzieci, aby nie rozmawiały ani nie biegały podczas nabożeństw, lecz modliły się i uwielbiały Boga z całego serca, umysłu i duszy.

Nawet niemowlęta, które nie rozumieją tego, co mówią ich matki, śpią bez płaczu podczas nabożeństw, kiedy ich matki modlą się za nimi i wychowują je w wierze. Takie dzieci otrzymają nagrodę w niebie za swoje zachowanie.

Dzieci w wieku 3-4 lata mogą uwielbiać Boga i modlić się, kiedy ich rodzice nauczą ich zasad. W zależności od wieku, głębia modlitwy może być różna. Rodzice mogą nauczyć swoje dzieci, aby zwiększały czas modlitwy krok po kroku, od pięciu do dziesięciu, do trzydziestu minut, do godziny, itd.

Bez względu na to, jak młode są dzieci, jeśli rodzice nauczają ich słowa zgodnie z wiekiem i poziomem zrozumienia, nauczają ich, jak żyć zgodnie ze słowem, dzieci będą próbowały się dostosować do słowa Bożego i żyć w taki sposób, aby uwielbić Boga. Będą żałować za swoje grzechy i wyznają je ze łzami, kiedy Duch Święty zadziała w nich. Zachęcam was, abyście nauczali dogłębnie swoje dzieci, kim jest Jezus Chrystus i prowadzili je oraz pomagali wzmocnić wiarę.

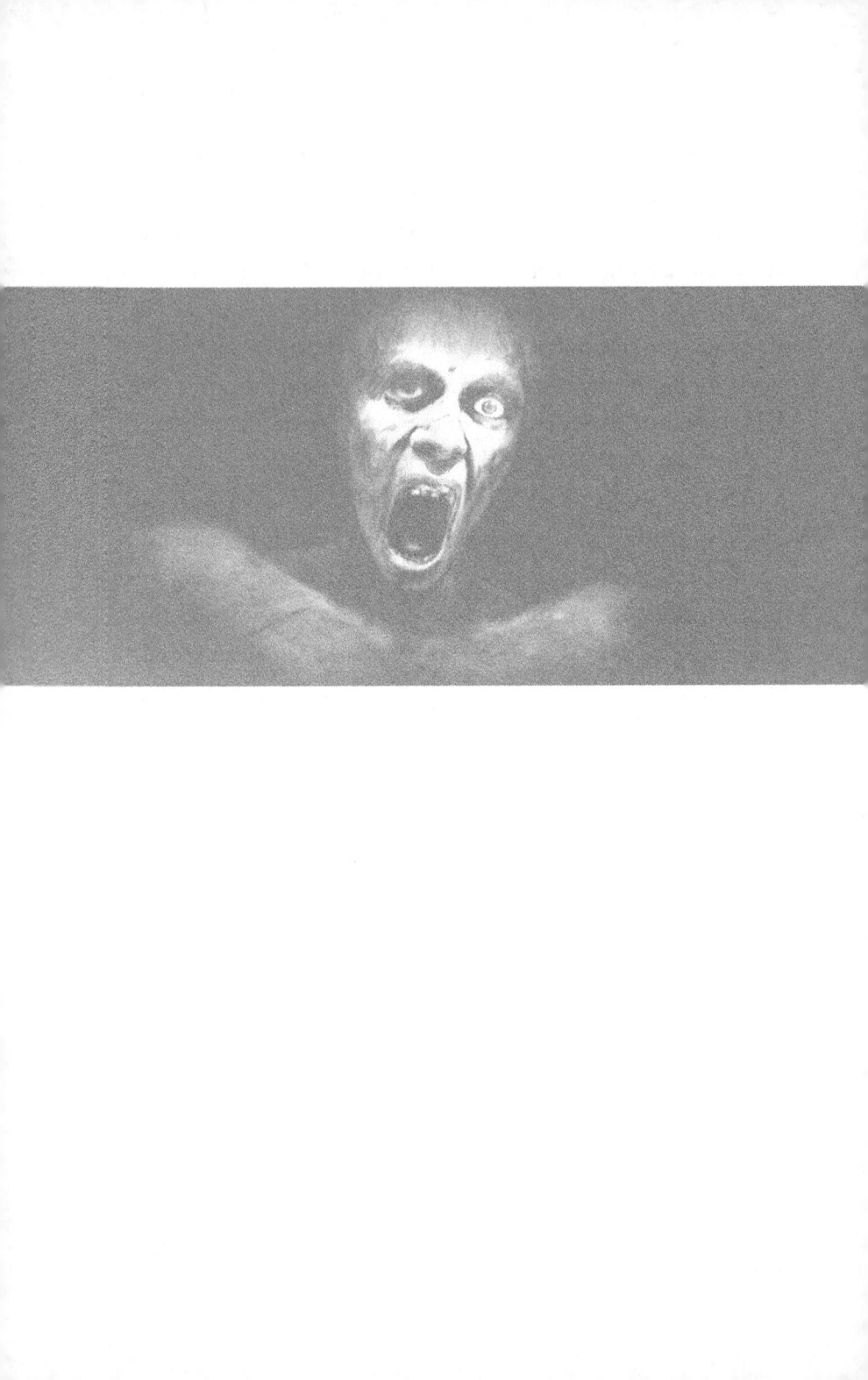

Rozdział 5

Kary dla ludzi, którzy zmarli po osiągnięciu wieku dojrzewania

Pierwszy poziom kary
Drugi poziom kary
Kara dla faraona
Trzeci poziom kary
Kara dla Poncjusza Piłata
Kara dla Saula, pierwszego króla Izraela
Czwarty poziom kary dla Judasza Iskarioty

*„Do Szeolu strącony twój przepych
i dźwięk twoich harf. Robactwo jest twoim
posłaniem, robactwo też twoim przykryciem."*
- Izajasza 14,11 -

*„Jak obłok przeleci i zniknie,
kto schodzi do Szeolu, nie wraca,"*
- Job 7,9 -

Kary dla ludzi, którzy zmarli po osiągnięciu wieku dojrzewania

Każdy, kto wchodzi do nieba otrzyma nagrodę i chwałę zgodnie z uczynkami. Natomiast w Niższym Grobie różne kary zostaną wymierzone poszczególnym ludziom zgodnie z ich złymi uczynkami. Ludzie w piekle cierpią z powodu okropnego bólu, a poziom bólu i ich agonia różnią się w zależności od ich uczynków. Człowiek zbierze to, co posiał bez względu na to, czy znalazł się w niebie czy w piekle.

Im bardziej zgrzeszyłeś, tym głębiej w piekle się znajdziesz, im cięższe twoje grzechy, tym gorszy ból będziesz odczuwać w piekle. W zależności od tego, jak bardzo sprzeciwiamy się Bogu, jak bardzo zakorzeniła się w nas grzeszna natura, kary będą nam odpowiednio wymierzone.

W Liście do Galatów 6,7-8 czytamy: *„Nie łudźcie się: Bóg nie dozwoli z siebie szydzić. A co człowiek sieje, to i żąć będzie: kto sieje w ciele swoim, jako plon ciała zbierze zagładę; kto sieje w duchu, jako plon ducha zbierze życie wieczne."* Z pewnością będziesz zbierać to, co posiejesz.

Jakiego rodzaju kary w Niższym Grobie otrzymają ludzie, którzy umarli zaraz po okresie dojrzewania? W niniejszym rozdziale omówimy cztery poziomy kar w niższym grobie, które poniosą dusze potępione zgodnie z ich uczynkami na ziemi. Proszę zrozumieć, że nie jestem w stanie dostarczyć graficznych szczegółów, ponieważ wzrosłoby nasze przerażenie.

Pierwszy poziom kary

Niektóre dusze są zmuszone, aby stać na piasku, który jest siedem razy gorętszy niż piasek pustyni lub plaży. Nie są w stanie uciec, ponieważ są uwięzieni na środku pustyni.

Czy chodziłeś kiedykolwiek po palącym piasku w gorący letni dzień? Trudno znieść ból, kiedy próbujesz chodzić po plaży z gołymi stopami w gorący, letni dzień choćby przez dziesięć czy piętnaście minut. Piasek w tropikalnych częściach świata jest jeszcze gorętszy. Pamiętaj, że piasek w Niższym Grobie jest siedem razy gorętszy niż najgorętszy piasek na ziemi.

W czasie mojej pielgrzymki po ziemi świętej, w drodze do Morza Martwego próbowałem biegać po asfalcie. Zacząłem szybko biec w dwoma innymi pielgrzymami, którzy towarzyszyli mi podczas wyprawy. Na początku nie odczuwałem bólu, jednak w połowie drogi czułem parzenie na obu stopach. Pomimo że chcieliśmy uniknąć cierpienia, nie było gdzie uciec – po obu stronach drogi był równie gorący żwir.

Musieliśmy dobiec do drugiego końca drogi i zanurzyć stopy w zimnej wodzie basenu. Na szczęście, nikt z nas się nie poparzył. Bieg trwał zaledwie 10 minut, a ból był nie do zniesienia. Wyobraź sobie, jak by to było, gdybyś był zmuszony stać na gorącym piasku przez wieczność. Bez względu na to, jak gorący jest piasek, nie ma możliwości zredukowania lub zakończenia kary. A jednak to jest właśnie najlżejsza kara w niższym grobie.

Inna dusza jest torturowana w inny sposób. Zmuszono go, aby położył się na skale, która jest rozgrzana do czerwoności, a jego karą jest to, że wciąż jest parzony na wieki aż do końca. Scena przypomina sytuację, kiedy mięsko smaży się na grillu. Następnie kolejny rozgrzany kamień jest zrzucony na torturowanego, miażdżąc jego ciało. Wyobraź sobie prasowanie ubrań: deska do prasowania jest skałą, na której prasujesz ubranie – potępioną duszę – natomiast żelazko jest drugą skałą, którą przyciskasz do ubrania.

Gorąco jest jedynie częścią tortur – części ciała roztrzaskują się jedne o drugie. Kończyny łamią się na kawałki przez nacisk na skałę. Siła skały jest wystarczająca, aby pogruchotać żebra i wewnętrzne organy. Kiedy jego czaszka zostanie roztrzaskana, oczy wyskoczą z oczodołów, a płyny z czaszki wypłyną.

Jak można opisać takie cierpienie? Pomimo, że osoba ta jest duszą, która nie ma formy fizycznej, może czuć i cierpieć ogromny ból w taki sam sposób, jak odczuwają ludzie na ziemi. Jego agonia trwa bez ustanku. Wraz z cierpieniem innych dusz, jego dusza wystraszona, lamentuje i krzyczy: „Jakże mogę uciec przed tymi torturami?"

Drugi poziom kary

Przez historię o bogaczu i Łazarzu zapisaną w Ewangelii Łukasza 16,19-31 mamy wgląd w okrucieństwo niższego grobu. Dzięki mocy Ducha Świętego, słyszałem lamenty ludzi torturowanych w niższym grobie. Słuchając ich wyznań, modlę się, abyś obudził się z duchowej drzemki.

PIEKŁO

Ciągną mnie tu i tam,
I nie widać końca.
Biegnę i biegnę, jednak nie widzę ucieczki.
Nie mam miejsca, w którym mógłbym się ukryć.
Łuszczy mi się skóra,
Miejsce wypełnione jest smrodem.
Insekty kąsają moje ciało,
Próbuję uciec
Jednak wciąż jestem w tym samym miejscu.
Kąsają i zjadają moje ciało,
Wysysają mi krew.
Trzęsę się ze strachu
Co mam zrobić?

Proszę, błagam,
Uświadom ludzi, co się ze mną dzieje.
Powiedz im o moich torturach,
Aby nie skończyli tak, jak ja.
Naprawdę nie wiem, co robić.
Jęczę z powodu strachu i przerażania.
Nie ma sensu szukać schronienia,
Oni są tuż za mną.
Kąsają mnie po rękach,
Odrapują mi skórę,
Zjadają moje mięśnie,
Wysysają mi krew.
Kiedy to się skończy,
Zostanę wrzucony do jeziora ognia.

Kary dla ludzi, którzy zmarli po osiągnięciu wieku dojrzewania

Co mam robić?
Jak mam się zachować?

Mimo, że nie wierzę w Jezusa jako mojego Zbawiciela
Wiem, że był dobrym człowiekiem
Zanim zostałem wrzucony do niższego grobu
Nie byłem świadomy swoich grzechów.
Teraz mogę już tylko żałować
Tego, co zrobiłem.
Proszę upewnij się,
Aby nikt więcej nie skończył tak, jak ja.
Wielu ludzie, którzy tutaj są, kiedy żyło
Myśleli, że byli dobrymi,
A jednak znaleźli się tutaj.
Wielu, którzy twierdzili, że wierzą
I myśleli, że żyją zgodnie z wolą Bożą
Również są tutaj
I są torturowani jeszcze gorzej niż ja.

Chciałbym zesłabnąć, aby zapomnieć o cierpieniu
Choć na moment, jednak to niemożliwe.
Nie mogę odpocząć, nawet gdy zamykam oczy.
Kiedy otwieram oczy
Nie widzę niczego, niczego nie mogę dotknąć.
Staram się uciec tu czy tam,
Jednak wciąż jestem w tym samym miejscu.
Co mam czynić?
Co mam zrobić?

Błagam, upewnij się
Aby już nikt inny
Nie poszedł w moje ślady.

Ta dusza należała do relatywnie dobrego człowieka w porównaniu z innymi w niższym grobie. Prosi Boga, aby uświadomił ludzi, co się z nim teraz dzieje. Pomimo okrutnych tortur martwi się o inne dusze, aby nie skończyły tak, jak on. Tak, jak bogacz błagał za swoimi braćmi, aby zostali ostrzeżeni, by nie trafili do miejsca tortur, tak samo ten człowiek błaga Boga (Łuk. 16).

Jednakże, ludzie, którym zostanie wymierzona kara na poziomie trzecim lub czwartym nie mają takiej dobroci. Ci ludzie wyzywają Boga i winią innych za wszystko.

Kara dla faraona

Faraon, władca Egiptu, który sprzeciwił się Mojżeszowi, otrzyma drugi poziom kary, jednak jego kara podobna będzie bardziej do kary na poziomie trzecim. Jakiego zła dopuścił się faraon w swoim życiu, aby zostać ukaranym w taki sposób? Dlaczego został wysłany do niższego grobu?

Podczas gdy Izraelici byli uciskani jako niewolnicy, Mojżesz został powołany przez Boga, aby wyprowadzić Jego lud z Egiptu i poprowadzić do ziemi obiecanej. Mojżesz poszedł do faraona i powiedział mu, aby pozwolił Izraelitom wyjść z Egiptu . Jednakże faraon odmówił, świadomy wartości siły

Kary dla ludzi, którzy zmarli po osiągnięciu wieku dojrzewania

roboczej Izraelitów.

Przez Mojżesza Bóg zesłał na Egipt dziesięć plag. Woda w Nilu zmieniła się w krew. Żaby, szarańcza i muchy pokryły ziemię. Faraon i jego ludzie cierpieli z powodu plag bydła, wrzodów, gradu, szarańczy i ciemności. Po każdej pladze faraon obiecywał, że pozwoli Izraelitom opuścić Egipt, jednak zaraz po tym, twardniało serce faraona i łamał swoją obietnicę. Mojżesz modlił się do Boga, aby zabrał plagę, jednak za każdym razem faraon zawodził. Faraon w końcu pozwolił Izraelitom opuścić Egipt po tym, jak każdy pierworodny w Egipcie zmarł – poczynając od pierworodnych dziedzica faraona, pierworodnych sług oraz bydła.

Jednakże po ustąpieniu plagi faraon znów zmienił zdanie. Wraz ze swoim wojskiem wyruszył w pościg za Izraelitami, których ograniczało Morze Czerwone. Izraelici byli przerażeni i wołali do Boga. Mojżesz podniósł swoją laskę i wyciągnął ręce nad Morzem Czerwonym, i wtedy stał się cud. Morze rozstąpiło się dzięki mocy Bożej, Izraelici przeszli po suchym lądzie, natomiast Egipcjanie zostali zalani przez wodę. Kiedy Mojżesz ponownie wyciągnął swoje ręce nad wodą po drugiej stronie Morza Czerwonego, *„Powracające fale zatopiły rydwany i jeźdźców całego wojska faraona, którzy weszli w morze, ścigając tamtych, nie ocalał z nich ani jeden"* (Ks. Wyjścia 14,28).

W Biblii czytamy, że wielu pogańskich królów wierzyło i oddawało chwałę Bogu. Jednakże, faraon miał zatwardziały umysł pomimo, że był świadkiem mocy Bożej wiele razy. W konsekwencji faraon doprowadził do katastrofy, kiedy utracił swojego syna, zniszczył armię i swój naród.

W dzisiejszych czasach ludzie słyszą na temat wspaniałego Boga i są świadkami Jego mocy. Jednak zatwardzają swoje serca tak, jak faraon. Nie przyjmują Jezusa jako swojego osobistego Zbawiciela. Ponadto, nie chcą okazać skruchy za swoje grzechy. Co się z nimi stanie, jeżeli będą prowadzić takie życie? Otrzymają taką samą karę jak faraon w niższym grobie.

Co się dzieje z faraonem w niższym grobie?

Faraon zanurzony w ściekach

Faraon jest zanurzony w śmierdzących ściekach. Jego ciało jest zawiązane i nie może się poruszyć. Nie jest sam, ponieważ są tam również inne dusze, które cierpią w podobny sposób za swoje grzechy.

Fakt, że był władcą nie zapewnia mu lepszego traktowania w niższym grobie. Zamiast tego ponieważ miał władzę, arogancję i służbę oraz żył w obfitości, posłańcy piekła torturują faraona jeszcze bardziej.

Basen, w którym zanurzony jest faraon nie tylko wypełniony jest ściekami. Czy widziałeś kiedyś gnijące i zanieczyszczone ciała wyciągnięte ze ścieków? A co z wodą w miejscach, gdzie wpływają statki? Takie miejsca są pełne benzyny, śmieci i smrodu. Wydaje się niemożliwe, aby w takim środowisku istniało życie. Gdybyś miał zanurzyć swoje ręce w takiej wodzie, martwiłbyś się o swoją skórę z powodu zanieczyszczenia oraz zawartości wody.

Faraon jest zanurzony w takiej właśnie wodzie. Ponadto, basen pełen jest insektów, które przypominają gąsienice, jednak są o wiele większe.

Insekty kąsają miękkie partie ciała

Insekty zbliżają się do dusz zanurzonych w basenie i kąsają miękkie partie ich ciała. Przedostają się do czaszki przez oczodoły oraz kąsają mózg. Czy możesz sobie wyobrazić ból, jaki to powoduje? W końcu, insekty kąsają wszystko od głowy do palców. Do czego możemy porównać taką agonię?

Jak bardzo bolesne jest to, kiedy pyłek dostanie się do oka? O ileż bardziej bolesne musi być, jeśli insekty kąsają oczy? Czy wierzysz, że mógłbyś znieść taki ból, jeśli insekty kąsałyby całe twoje ciało?

Załóżmy, że ktoś wbija ci igłę pod paznokieć. Insekty wciąż kąsają ciało, odsłaniają skórę aż do kości. Insekty nie tylko kąsają dłonie, lecz ramiona, klatkę piersiową, brzuch, nogi i pośladki. Potępione dusze muszą znosić tortury i ból, który im ciągle towarzyszy.

Insekty kąsają organy wewnętrzne

Większość kobiet, kiedy widzą gąsienice, boją się i z pewnością nie chcą ich dotykać. Wyobraź sobie jeszcze bardziej obrzydliwe insekty, większe niż gąsienice, które dotykają potępionych dusz. Po pierwsze, insekty kąsają ich ciała przez brzuch. Później, owady gryzą ich wnętrzności, wysysają płyny z mózgu, a dusze potępione nie mogą nic zrobić, poruszyć się ani uciec.

Insekty gryzą ich ciała, a potępieni widzą, jak owady wgryzają się w ich skórę. Gdybyśmy mieli doświadczyć takich tortur przez dziesięć minut, zwariowalibyśmy. Jedną z tych potępionych dusz jest faraon, który sprzeciwił się Bogu i Jego słudze, Mojżeszowi. Cierpi z powodu okropnego bólu, świadomy tego, co się dzieje, i widzi, jak owady wgryzają się w jego ciało.

Czy kiedy insekty wgryzą się w jego ciało, tortury zakończą się? Nie. Po krótkiej chwili, pokąsane części ciała zostają odnowione i insekty rozpoczynają całą procedurę na nowo. Cierpienie nie ma końca. Ból nie znika, a dusza nie przyzwyczaja się do niego ani do kolejnych tortur.

W taki sposób funkcjonuje świat duchowy. W niebie, jeśli dzieci Boże zjedzą owoc z drzewa, owoc odrasta na nowo. Podobnie, w niższym grobie, bez względu na to, ile razy lub jak bardzo insekty wgryzły się w ciało potępionych, każda część ciała będzie odnowiona i wszystko zacznie się od nowa.

Nawet jeżeli człowiek prowadził uczciwe i świadome życie

Wśród szczerych ludzi są tacy, którzy nie chcą przyjąć Jezusa ani ewangelii. Z zewnątrz wydają się dobrzy i szlachetni, jednak nie są dobrzy ani szlachetni zgodnie z prawdą.

W Liście do Galatów 2,16 czytamy: *„A jednak przeświadczeni, że człowiek osiąga usprawiedliwienie nie* *przez wypełnianie Prawa za pomocą uczynków, lecz jedynie przez wiarę w Jezusa Chrystusa, my właśnie uwierzyliśmy w Chrystusa Jezusa, by osiągnąć usprawiedliwienie z wiary w Chrystusa, a nie przez wypełnianie Prawa za pomocą uczynków, jako że przez wypełnianie Prawa za pomocą uczynków nikt nie osiągnie usprawiedliwienia."* Sprawiedliwy człowiek może być zbawiony dzięki imieniu Jezusa. Tylko wtedy jego grzechy mogą zostać przebaczone dzięki wierze w Chrystusa. Co więcej, jeśli wierzy w Chrystusa, z pewnością będzie przestrzegał Jego słowa.

Pomimo wielu dowodów Bożego stworzenia świata oraz cudów i mocy zademonstrowanej przez sług Bożych, jeśli ktoś zaprzecz istnienia Boga, jest złym człowiekiem z twardym sumieniem.

Ze swojej perspektywy być może prowadzi uczciwe życie. Jednakże, jeśli nie chce przyjąć Jezusa jako swojego osobistego Zbawiciela, nie ma dla niego innego miejsca przeznaczenia niż piekło. Jednak ponieważ tacy ludzie prowadzili dobre i uczciwe życie w porównaniu do tych, którzy podążali za swoimi złymi i grzesznymi pragnieniami, otrzymają karę na pierwszym lub drugim poziomie w niższym grobie.

Wśród tych, którzy umarli nie mając możliwości usłyszeć ewangelię, jeśli nie przeszli pozytywnie sądu sumienia, przeznaczona jest kara na pierwszym lub drugim poziomie. Dusze, która otrzyma karę na trzecim lub czwartym poziomie w niższym grobie, była bardziej zła niż inne.

Trzeci poziom kary

Trzeci i czwarty poziom kary są zarezerwowane dla tych, którzy odwrócili się od Boga, mieli nieczyste sumienie, bluźnili przeciwko Duchowi Świętemu oraz przeszkadzali w budowaniu królestwa Bożego. Co więcej, każdy, kto nazywał Boży kościół kościołem heretyckim bez porządnego dowodu otrzyma karę trzeciego lub czwartego stopnia.

Zanim przyjrzymy się karze trzeciego stopnia w niższym grobie, szybko spójrzmy na różne formy tortur, które wymyślił człowiek.

Okrutne tortury wymyślone przez człowieka

W czasach, kiedy prawa ludzkie pozostawały w sferze fantazji raczej niż kwestii codziennych, przeprowadzano różne rodzaje kar cielesnych, tortur i egzekucji.

Na przykład w okresie średniowiecza, strażnicy więzienni brali więźnia do piwnicy budynku, aby wyciągnąć z niego przyznanie się do winy. Po drodze więzień widział ślady krwi na podłodze, a w pomieszczeniu różne rodzaje narzędzi, stosowanych do torturowania. Słyszał okropne krzyki w całym budynku. Wszystko to było dla niego bardzo przytłaczające.

Jedną z najczęściej stosowanych metod tortur było wkładania palców więźnia w małe metalowe ramy. Metalowe ramy były zaciskane aż do momentu, kiedy palce zostały zgniecione. Następnie naciągano palce jeden po drugim i znów zaciskano ramy.

Jeżeli więzień nadal się nie przyznał, wieszano go w powietrzu, wyginano ramiona i wykręcano ciało we wszystkich kierunkach. Wtedy znów powodowano ból: ciało podniesione do góry zrzucano w dół w różnym tempie. Co gorsza, ciężki kawałek żelaza jest przywiązywany do kostki więźnia, kiedy ten nadal wisi w powietrzu. Waga żelaza jest wystarczająca, aby rozerwać mięśnie i kości w ciele. Jeżeli więzień nadal się nie przyzna, stosowano jeszcze gorsze metody tortur.

Sadzano więźnia na krześle przygotowanym szczególnie do tortur. Do oparcia i nóg krzesła przymocowane są maleńkie gwoździe, które kłują ciało.

Innym rodzajem tortur było wieszanie podejrzanego lub więźnia do góry nogami. Po godzinie jego ciśnienie rosło na tyle, że naczynie krwionośne w mózgu rozpadały się, kres wypływała z mózgu przez oczodoły, nos i uszy. Nie mógł widzieć, słyszeć ani czuć.

Czasami, używano ognia, aby zmusić człowieka do przyznania się. Urzędnik podchodził do podejrzanego z płonącą świeczką. Zbliżał świeczkę do pach lub stóp. Pachy parzą się, ponieważ są jedną z najbardziej wrażliwych części ciała, podczas gdy stopy są parzone, ponieważ ból trwa dłużej.

Innym razem, podejrzany był zmuszany, aby założyć metalowe buty na gołe stopy. Kat wyrywał podrażnioną skórę, odcinał język i palił podniebienie rozgrzanym żelazem. Jeśli więzień był skazany na karę śmierci, wrzucano go do ramy w kształcie koła, która była tak zaprojektowana, aby rozerwać ciało na kawałki. Szybkie obracanie rozrywało ciało, podczas gdy więzień nadal odczuwał ból i był świadomy. Czasami do nosa i uszu wlewano skazańcom roztopiony ołów.

Wiedząc, że nie będą w stanie wytrzymać agonii tortur, wielu więźniów przekupywało katów lub strażników, aby szybko ich uśmiercili.

To są niektóre rodzaje tortur wymyślone przez człowieka. Kiepska wyobraźnia wystarczy, aby nas przerazić. Można się domyślić, że tortury zadawane przez posłańców piekła, którzy podlegają Lucyferowi, mogą być jedynie gorsze niż jakiekolwiek opracowane przez człowieka. Posłańcy piekła nie odczuwają współczucia i mają przyjemność z krzyków i płaczu. Próbują znaleźć coraz okrutniejsze i bardziej bolesne metody, aby karać potępionych.

Czy stać cię na to, aby iść do piekła? Czy stać cię na to, aby oglądać swoich ukochanych, rodzinę i przyjaciół w piekle? Chrześcijanie muszą brać pod uwagę swój obowiązek, aby głosić ewangelię oraz zrobić wszystko, co w ich mocy, aby pomóc choć jednej duszy osiągnąć zbawienie i uniknąć piekła.

Czym jest trzeci rodzaj kary?

i) Posłaniec piekła, który wyglądem przypomina świnię

Jedna dusza w Niższym Grobie jest przywiązana do drzewa, a jej ciało jest krojone na małe kawałeczki. Można by było porównać ten proces do krojenia ryby, aby przygotować sushi. Posłaniec piekła jest brzydki i przerażający. Jego zadaniem jest przygotowanie potrzebnych narzędzi tortur. Są to różnorodne narzędzia, od małych młotków po siekiery. Posłaniec pstrzy narzędzia kamieniem. Jednak tak naprawdę narzędzia nie wymagają ostrzenia, ponieważ zawsze są maksymalnie ostre. Ostrzenie ma na celu przestraszenie dusz, oczekujących na karę.

Odcinanie ciała, poczynając od koniuszków palców

Kiedy dusza słyszy trzask narzędzi i widzi posłańca piekła, który do niej podchodzi, jest prawdziwie przerażona.

„Ten nóż zaraz będzie ciął moje ciało...
Ta siekiera za moment odetnie moje kończyny...
Co mam zrobić?
Jak mam wytrzymać taki ból?"

Przerażenie powoduje duszności. Potępiona dusza pamięta o tym, że jest przywiązana do drzewa, nie może się ruszyć i wydaje się jej, że sznur przebija jej ciało. Im bardziej próbuje uciec, tym bardziej sznur się zaciska. Posłaniec piekła zbliża się do niego i zaczyna ciąć jego ciało, zaczynając od koniuszków palców. Kawałek ciała pokryty krwią spada na ziemię. Posłaniec wyrywa paznokcie i odcina palce, nadgarstki, aż do ramion. Zostają jedynie kości. Wtedy posłaniec zaczyna odcinać po kawałku łydki i ścięgna.

Aż do momentu, gdy odsłaniają się organy wewnętrzne

Posłaniec piekła zaczyna rozcinać brzuch. Kiedy wnętrzności są widoczne, wyrywa organy i wyrzuca je. Wyciąga poszczególne organy i rozcina je ostrymi narzędziami.

Aż do tego momentu dusza była świadoma i widziała wszystko, co się dzieje: rozcinanie ciała i wyrzucanie wnętrzności. Wyobraź sobie, że ktoś jest przywiązany, a jego ciało rozcinane jest krok po kroku, zaczynając od rąk, kawałek po kawałku. Kiedy nóż cię dotyka, natychmiast wypływa krew i rozpoczyna się cierpienie, a słowa nie są w stanie opisać twojego lęku. W niższym grobie, kiedy otrzymasz trzeci poziom kary, nie tylko chodzi o części twojego ciała, lecz o całą skórę, od głowy do stóp, oraz wnętrzności.

Wyobraź sobie proces przygotowania sushi, surowego dania z Japonii przygotowanego z surowej ryby. Kucharz oddziela skórę od kości, a następnie kroi rybę na możliwie najcieńsze kawałki. Danie często jest układane w taki sposób, aby przypominało żywą rybę, tak że wydaje się, że jej skrzela nadal się ruszają. Kucharz nie ma współczucie w stosunku do ryby, ponieważ gdyby miał, nie mógłby wykonywać swojej pracy.

Zachęcaj swoich rodziców, partnera, krewnych i przyjaciół do modlitwy. Jeżeli nie zostaną zbawienie i trafią do piekła, będą okrutnie cierpieć, kiedy ich skóra będzie rozcinana i oddzielana od kości przez bezlitosnych posłańców piekła. Jest to naszym chrześcijańskim obowiązkiem, aby rozpowszechniać dobrą nowinę, ponieważ w dniu sądu Bóg z pewnością sprawdzi, ile osób trafiło dzięki nam do nieba.

Dźgając oczy potępionych

Posłaniec piekła używa tym razem świdra zamiast noża. Dusza wie, co się stanie, ponieważ to nie pierwszy raz, kiedy musiała to znieść. Była już w ten sposób torturowana setki razy od dnia kiedy trafiła do niższego grobu. Posłaniec piekła zbliża się do potępionej duszy, dźga jej oko świdrem i pozostawia świder na moment w oku. Jakże przerażona musi być dusza, kiedy widzi jak świder zbliża się do jej oka? Nie da się tego opisać słowami.

Czy to koniec tortur? Nie. Posłaniec piekła rozcina policzki, nos, czoło i resztę twarzy. Nie zapomina o uszach, ustach ani szyi. Szyja rozcinana kawałek po kawałku staje się coraz cieńsza aż opada na klatkę. To jest zakończenie jednej porcji tortur, jednak oznacza jedynie początek kolejnej.

Potępieni nie są w stanie jęczeć ani płakać

Po krótkim czasie odcięte części ciała będą odnowione tak, jakby nic się im nie stało. Kiedy ciało się regeneruje, na krótko chwilę ustaje ból i udręka. Jednakże, taka przerwa jedynie przypomina duszy potępionej o większej ilości tortur, które są przed nią, więc dusza ponownie zaczyna trząść się ze strachu. Kiedy czeka na tortury, słyszy znów odgłos ostrzenia narzędzi. Od czasu do czasu posłaniec piekła spogląda na potępioną duszę z okrutnym uśmieszkiem. Posłaniec jest gotowy, aby na nowo zacząć tortury. Okrutne tortury zaczynają się na nowo. Czy myślisz, że jesteś w stanie to znieść? Żadne części twojego ciała nigdy nie przyzwyczają się do narzędzi i ciągłego bólu. Im więcej doświadczasz tortur, tym więcej odczuwasz cierpienia.

Podejrzany w areszcie lub więzień, którzy mają być torturowani wiedzą, że to, co ich czeka będzie krótko trwało, jednak nadal się boi i trzęsie ze strachu. Załóżmy, że posłaniec piekła o wyglądzie przypominającym świnię zbliża się do ciebie z różnymi narzędziami w rękach, stukając jednymi o drugie. Tortury będą się powtarzać bez końca: pocięte ciało, wyrzucone organy, przekłuwanie oczu i wiele innych będą trwały bez końca.

Dlatego, dusza w Niższym Grobie nie może krzyczeć ani błagać posłańca piekła o życie, łaskę, mniej okrucieństwa czy cokolwiek innego. Wrzaski innych dusz, błaganie o łaskę oraz brzdękające narzędzia tortur otaczają duszę. Jak tylko dusza widzi posłańca piekła, blednie niczym popiół. Co więcej, już wie, że nie może się uwolnić od cierpienie aż do momentu, kiedy zostanie wrzucona do jeziora ognistego po Dniu Sądu Wielkiego Białego Tronu pod koniec wieków (Ap. 20,11). Ponura rzeczywistość jest jedynie dodatkiem do odczuwanego bólu.

ii) Kara polegająca na pompowaniu ciała niczym balonu

Każdy choćby z odrobiną sumienia ma poczucie winy, jeśli zranił czyjeś uczucia. Lub bez względu na to, jak bardzo dana osoba może kogoś nienawidzić w przeszłości, jeżeli życie znienawidzonej osoby okazało się cierpienie obecnie, poczucie żalu spowoduje, że nienawiść zniknie przynajmniej na jakiś czas.

Jednakże, jeśli czyjeś sumienie zostało oparzone niczym gorącym żelazem, osoba jest całkowicie apatyczna w stosunku do udręki innych, i aby osiągnąć swój własny cel, może być chętna do popełniania najgorszych niegodziwości.

Ludzie traktowani jak śmieci

W czasie II Wojny Światowej w Niemczech pod dyktaturą nazistów, Japonia, Włochy I inne państwa, wykorzystywały ludzi jako obiekty w okrutnych eksperymentach. W zasadzie te osoby zastąpiły szczury, króliki i inne powszechnie używane zwierzęta.

Na przykład, aby dowiedzieć się, w jaki sposób zdrowa osoba zareaguje, jak długo będą działać różne środki lub jakiego rodzaju objawy towarzyszą poszczególnym chorobom, wszczepiano ludziom komórki rakowe lub inne wirusy. Aby uzyskać możliwie najbardziej trafną informację, często rozcinali brzuch lub czaszkę żywej osoby. Aby określić, w jaki sposób przeciętna osoba zareaguje na skrajne ciepło lub zimno, nagle zmniejszali i zwiększali temperaturę w pomieszczeniu, w którym znajdował się człowiek.

Kiedy „obiekty" spełniły już swój cel, często pozostawiano ich na śmierć w cierpieniu. Nie zwracali uwagi na cierpienie tych ludzi.

Jakże okropne musiało to być dla więźniów wojennych lub

innych ludzi, którzy obserwowali, jak ich własne ciała były cięte na kawałki bez ich zgody i infekowane śmiertelnymi komórkami lub środkami, a następnie dosłownie przyglądali się własnej śmierci?

Jednakże, dusze w Niższym Grobie stawiają czoła nawet gorszym metodom kar niż jakiekolwiek eksperymenty kiedykolwiek przeprowadzane przez człowieka. Jako mężczyźni i kobiety, stworzeni przez Boga na Jego obraz i podobieństwo, ale również jako ci, którzy stracili swoją godność i wartość, dusze traktowane są jak śmieci w niższym grobie.

Nie żałujemy śmieci – tak samo posłańcy piekła nie żałują ani nie współczują potępionym duszom. Posłańcy piekła nie czują się winni ani nie odczuwają żalu, dlatego żadnych kar nie uważają za wystarczające.

Połamane kości i rozdarta skóra

Dlatego, posłańcy piekła uważają potępione dusze za swoje zabawki. Nadmuchaliby ciała potępionych i kopali jak piłki.

Czy trudno wyobrazić sobie widok: w jaki sposób długie i płaskie ciało ludzkie może być napompowane jak piłka? Co stałoby się z organami?

Kiedy organy wewnętrzne i płuca zostaną napompowanie, żebra i kręgosłup, które chronią organy rozpadną się na kawałki. A w dodatku, cierpieniu towarzyszy nieprzerwany ból rozrywanej skóry.

W Niższym Grobie posłańcy piekła grają napompowanymi ciałami potępionych, a kiedy im się znudzi, przekłuwają brzuch ostrym narzędziem.

Tak, jak balon wybucha, kiedy ktoś nakłuje go ostrym narzędziem, ciała, skóra i krew rozpryskują się we wszystkich kierunkach.

Jednakże po krótkim czasie ciała potępionych całkowicie się odnawiają i wracają do początku procesu karania. Jakże to okrutne? Kiedy mieszkali na ziemi, dusze potępionych były kochane, cieszyły się swoim statusem społecznym lub przynamniej żądały podstawowych praw człowieka.

Kiedy znalazły się w niższym grobie, nie mają żadnych praw i są traktowanie jak żwir i nie mają żadnej wartości.

W Księdze Koheleta 12,13-14 czytamy:

> *Koniec mowy. Wszystkiego tego wysłuchawszy: Boga się bój i przykazań Jego przestrzegaj, bo cały w tym człowiek! Bóg bowiem każdą sprawę wezwie na sąd, wszystko, choć ukryte: czy dobre było, czy złe.*

Zgodnie z sądem, dusze zostały zdegradowane i stały się zabawkami, którymi mogą bawić się posłańcy piekła.

Dlatego, musimy być świadomi, że jeśli poniesiemy porażkę w wypełnianiu obowiązków ludzkich, czyli bać się Boga i zachowywać Jego przykazania, nie będziemy cennymi w oczach Bożych, ponieważ nie będziemy podobni do Boga, lecz zamiast tego zostaniemy poddani najokrutniejszym karom w niższym grobie.

Kara dla Poncjusza Piłata

W chwili śmierci Jezusa, Poncjusz Piłat był władcą rzymskim w regionie Judei, dzisiejszej Palestyny. Od chwili gdy zjawił się w niższym grobie, otrzymywał trzeci poziom kary w postaci biczowania. Dlaczego Poncjusz Piłat jest torturowany?

Mimo tego, iż rozpoznał sprawiedliwość Jezusa

Ponieważ Piłat był zarządcą Judei, jego pozwolenie było konieczne, aby ukrzyżować Jezusa. Jako rzymski wicekról, Piłat miał władzę nad całym regionem Judei i miał pod sobą wielu wrogów w różnych lokalizacjach w regionie, którzy pracowali dla niego. Stąd Piłat był świadomy cudów wykonanych przez Jezusa, Jego posłania miłości, uzdrawiania, głoszenia ewangelii. Ponadto, z raportów, które składali jego szpiedzy, Piłat wiedział, że Jezus by dobrym i niewinnym człowiekiem.

Co więcej, ponieważ Piłat był świadomy, że Żydzi byli zdesperowani, aby zabić Jezusa z powodu zazdrości, starał się go uwolnić. Jednakże, ponieważ Piłat był przekonany, że niewysłuchanie Żydów doprowadzi do społecznej niestabilności w jego regionie, przekazał ukrzyżowanie Jezusa w ręce Żydów. Gdyby w obszarze jego jurysdykcji wybuchły zamieszki, Piłat poniósłby za to odpowiedzialność.

W końcu, tchórzliwa świadomość Piłat zdeterminowała jego przeznaczenie po śmierci. Rzymscy żołnierze chłostali Jezusa na rozkaz Piłata przed ukrzyżowaniem. Tak samo Piłat został skazany na taką samą karę: nieprzerwane chłostanie w wykonaniu posłańców piekła.

Piłat jest chłostany za każdym razem, kiedy jego imię zostaje wypowiedziane

Jezus został wychłostany przed ukrzyżowaniem. Bicz składał się z kawałków żelaza i kości przymocowanych do długich skórzanych sznurów. Przy każdym uderzeniu bicz rozdzierał ciało Jezusa, kawałki metalu i kości wbijały się w jego skórę. Przy wyrywaniu bicza, kawałki skóry wydzierały się z ran, zostawiając za sobą wielkie i głębokie rany cięte.

Kiedykolwiek ludzie wypowiadają imię Piłata na ziemi, posłańcy piekła chłostają go w niższym grobie. W czasie każdego nabożeństwa chrześcijanie recytują wyznanie apostolskie. Kiedy wypowiadany jest fragment „cierpiał z powodu Poncjusz Piłata." Piłat jest chłostany. Kiedy setki i tysiące ludzi wypowiada jego imię wspólnie, wzrasta tempo i siła uderzeń bicza. Czasami inni posłańcy piekła gromadzą się wokół Piłata, aby zaoferować pomoc w chłostaniu.

Mimo że ciało Piłata jest rozdarte i pokryte krwią, posłańcy piekła chłostają go, jakby ze sobą rywalizowali. Chłostanie rozdziera ciało Piłata, odsłania jego kości aż do szpiku.

Posłańcy piekła usuwają mu język

Kiedy Piłat jest torturowany, ciągle krzyczy: „Proszę nie wypowiadajcie mojego imienia! Za każdym razem, gdy je wypowiadacie, cierpię." Jednakże nie słychać żadnego dźwięki z jego ust. Jego język został odcięty, ponieważ to właśnie ten język skazał Jezusa na ukrzyżowanie. Kiedy cierpisz, krzyk i jęk pomaga ulżyć w bólu. Dla Piłata nie ma to żadnego znaczenie, ponieważ nic nie jest w stanie mu pomóc.

Sytuacja Piłata je inna. Kiedy części ciała potępionych dusz w Niższym Grobie są odrapana, rozcięte lub spalone, regenerują się. Jednak język Piłata został usunięty na stałe jako symbol przekleństwa. Mimo że Piłat błaga, aby ludzie ni wypowiadali jego imienia, jego imię będzie wypowiadane aż do dnia sądu. Im więcej wypowiadane jest jego imię, tym cięższe jest jego cierpienie.

Piłat popełnił grzech z premedytacją

Kiedy Piłat przekazał Jezusa na ukrzyżowanie, wziął wodę i obmył ręce przed tłumem, mówiąc: *„Nie jestem winny krwi tego Sprawiedliwego. To wasza rzecz"* (Mat. 27,24). W odpowiedzi, Żydzi byli jeszcze bardziej zdesperowani, by zabić Jezusa i powiedzieli Piłatowi: *„Krew Jego na nas i na nasze dzieci"* (Mat. 27,25).

Co stało się z Żydami po ukrzyżowaniu Jezusa? Zostali zmasakrowani w Jerozolimie, kiedy rzymski generał Tytus najechał na miasto i zniszczył je w 70 r. p.n.e.. Od tamtego czasu, zostali rozproszeni po całym świecie i prześladowani na obcych ziemiach. W czasie II Wojny Światowej byli przerzucani do różnych obozów koncentracyjnych w Europie. Ponad sześć milionów Żydów zginęło w komorach gazowych lub w inny sposób. W pierwszych pięciu dekadach po odzyskaniu

Kary dla ludzi, którzy zmarli po osiągnięciu wieku dojrzewania

niepodległości w 1948 roku, Izrael ciągle otrzymywał groźby, odczuwał nienawiść oraz doświadczał zbrojnej opozycji od sąsiedzkich krajów na Środkowym Wschodzie.

Mimo, że Żydzi otrzymali swoją karę i słowa „Krew Jego na nas i na nasze dzieci" wypełniły się, nie oznacza to, że kara Piłata została zredukowana. Piłat celowo popełnił grzech. Miał wiele możliwości, aby go nie popełnić, a jednak to zrobił. Nawet jego żona, która otrzymała ostrzeżenie we śnie, zachęcała Piłata, aby nie pozwolił na zabicie Jezusa. Ignorując własne sumienie i radę żony, Piłat skazał Jezusa na ukrzyżowanie. W konsekwencji, otrzymuje w Niższym Grobie trzeci poziom kary.

Nawet dzisiaj ludzie popełniają przestępstwa, mimo tego, iż są świadomi, że robią źle. Wyjawiają sekrety innych dla swoich własnych korzyści. W niższym grobie, trzeci poziom kary jest przeznaczony dla tych, którzy spiskują przeciwko innym ludziom, składają fałszywe świadectwo, oczerniają, zakładają grupy przestępcze w celu mordowania i torturowania innych ludzi, zachowują się tchórzliwie, zdradzają innych w czasach niebezpieczeństwa lub bólu, itp.

Bóg sprawdzi każdy uczynek

Piłat zrzucił na ręce Żydów krew Jezusa tak, jak niektórzy zrzucają winę za poszczególne sytuacje na innych ludzi. Jednakże, odpowiedzialność za grzech zawsze ponosi odpowiednia osoba. Każdy człowiek ma wolną wolę i prawo do podejmowania decyzji, jednak musi za nie również ponosić odpowiedzialność. Wolna wola pozwala nam dokonywać wyboru, czy wierzymy w

Jezusa czy nie jako naszego osobistego Zbawiciela, czy chcemy zachowywać dzień święty, czy chcemy oddawać dziesięcinę Bogu, itd. Jednak rezultat naszego wyboru zobaczymy dopiero w formie wiecznego szczęścia w niebie lub wiecznej kary w piekle.

Co więcej, sami musimy ponieść konsekwencję podjętej przez nas decyzji i nie możemy winić za nie nikogo innego. Dlatego nie możemy mówić: „Opuściłem Boga, ponieważ prześladowali mnie rodzice" lub „Nie mogłem zachowywać dnia świętego ani oddawać dziesięciny z powodu mojej żony." Gdyby dana osoba miała wiarę, z pewnością bałaby się Boga i zachowywała Jego przykazania.

Piłat, którego język został odcięty z powodu jego tchórzowskich słów, odczuwał skruchę, kiedy był biczowany w niższym grobie. Po śmierci, nie ma dla niego drugiej szansy.

Jednakże, ci, którzy nadal żyją, nadal mają szansę. Nigdy nie powinieneś się wahać, lecz bać się Boga i zachowywać Jego przykazania. W Izajaszu 55,6-7 czytamy: *„Szukajcie Pana, gdy się pozwala znaleźć, wzywajcie Go, dopóki jest blisko! Niechaj bezbożny porzuci swą drogę i człowiek nieprawy swoje knowania. Niech się nawróci do Pana, a Ten się nad nim zmiłuje, i do Boga naszego, gdyż hojny jest w przebaczaniu."* Ponieważ Bóg jest miłością, daje nam możliwość dowiedzieć się, co dzieje się w piekle, póki jeszcze jesteśmy żywi. Chce, aby ludzie ocknęli się ze swojej duchowej drzemki i zachęca nas do głoszenia dobrej nowiny innym, aby również mogli doświadczyć łaski i przebaczenia.

Kary dla ludzi, którzy zmarli po osiągnięciu wieku dojrzewania

Kara dla Saula, pierwszego króla Izraela

W Jeremiaszu 29,11 czytamy: *„Jestem bowiem świadomy zamiarów, jakie zamyślam co do was – wyrocznia Pana – zamiarów pełnych pokoju, a nie zguby, by zapewnić wam przyszłość, jakiej oczekujecie."* Słowa te zostały przekazane Żydom, kiedy znaleźli się w niewoli babilońskiej. Werset przepowiada Boże przebaczenie i łaskę, którą otrzymają Jego ludzie, kiedy będą w niewoli z powodu grzechów przeciwko Bogu.

Z tego samego powodu Bóg przekazuje wiadomości dotyczące piekła. Nie czyni tego, aby przekląć niewierzących i grzeszników, jednak po to, aby zbawić tych, którzy niosą ciężki ciężar niewolnictwa złu oraz zapobiec, aby ludzie stworzeni na Jego obraz nie wpadli do piekła.

Stąd, zamiast bać się piekła, wszystko co musimy zrobić to zrozumieć niezmierną miłość Bożą oraz jeśli jesteś niewierzący przyjąć Jezusa jako swojego Zbawiciela. Jeżeli nie żyłeś zgodnie ze słowem Bożym, wyznając swoją wiarę, zawróć ze swojej drogi i czyń, jak On ci powie.

Saul pozostał nieposłuszny Bogu

Kiedy Saul wstąpił na tron, był pokornym człowiekiem. Jednak szybko stał się zbyt arogancki, aby być posłusznym słowu Bożemu. Wybrał złe ścieżki i w końcu Bóg odwrócił od niego swoją twarz. Kiedy grzeszysz przeciwko Bogu, musisz zmienić swój umysł i żałować za grzechy bez wahania. Nie powinieneś próbować się tłumaczyć lub ukrywać swoich grzechów. Tylko wtedy, Bóg wysłucha twoich modlitw i otworzy przed tobą drzwi przebaczenia.

Kiedy Saul dowiedział się, że Bóg wyznaczył Dawida jako jego następcę, król postanowił o zagładzie Dawida i ścigał go, aby go zabić. Saul zabił nawet kapłanów Boga za to, że pomagali Dawidowi (1 Samuela 22,18). Saul poprzez swoje uczynki jasno sprzeciwiał się Bogu.

W ten sposób, król Saul pozostał nieposłuszny i gromadził złe uczynki, jednak Bóg nie zniszczył go od razu. Mimo że Saul ścigał Dawida i za wszelką cenę pragnął jego śmierci, Bóg nadal pozwalał mu żyć.

Bóg miał swój cel – a nawet dwa. Po pierwsze, Bóg zamierzał ukształtować wspaniałe naczynie i króla z Dawida. Po drugie, Bóg dawał Saulowi czas i możliwości, aby żałować za swoje złe czyny.

Gdyby Bóg pozbawił nas życia z powodu grzechów, które popełniamy, nikt z nas by nie przeżył. Bóg przebaczy i poczeka, ale jeśli nie zwrócimy się do Niego, Bóg odwróci się od nas. Jednakże, Saul nie potrafił zrozumieć charakteru Boga i podążał za pragnieniami swojego ciała. W końcu, Saul został ranny i zabity swoim własnym mieczem (1 Samuela 31,3-4).

Ciało Saula wisi w powietrzu

Jaką karę otrzyma arogancki Saul? Ostra włócznia przebija jego brzuch, kiedy jego ciało zawieszone jest w powietrzu.

Na ostrzu włóczni jest zaczepionych wiele obiektów, które przypominają świdry i krawędzie miecza.

Bycie zawieszonym w powietrzu jest okrutnie bolesne. Bycie zawieszonym w powietrzu, kiedy włócznia wbita jest w twój brzuch jest nawet bardziej rozdzierające, ponieważ waga powoduje, że ból jest większy. Włócznia rani brzuch i rozdziera go na kawałki. Kiedy skóra jest rozdarta, odsłonięte zostają mięśnie, kości i wnętrzności.

Kiedy do Saula zbliża się posłaniec piekła i przekręca włócznię, wszystkie ostre obiekty przyczepione do ostrza szarpią jego ciało. Przekręcanie włóczni niszczy płuca, serce, brzuch i wnętrzności Saula.

Krótką chwilę później, kiedy Saul wytrzymuje okrutne tortury, a jego wnętrzności rozdarte są na kawałki, jego organy odnawiają się. Kiedy są w pełni odnowione, posłańcy piekła podchodzą do Saula i powtarzają cały proces. Kiedy Saul cierpi, przypomina sobie o dawnych czasach i możliwościach skruszenia się, jakie zignorował.

> Dlaczego byłem nieposłuszny Bogu?
> Dlaczego walczyłem przeciwko Niemu?
> Powinienem był słuchać proroka Samuela
> Powinienem był się skruszyć
> Kiedy mój syn Jonatan błagał mnie o to ze łzami!
> Gdybym tylko nie był tak okrutny w stosunku do Dawida
> Być może moja kara byłaby lżejsza.

Żal I skrucha Saula nie mają znaczenia, ponieważ jest już w piekle. Trudno jest znieść cierpienie spowodowane zawieszenie w powietrzu i ból spowodowany wbitą w brzuch włócznią. Kiedy posłańcy piekła podchodzą do Saula, aby ponownie go torturować, Saula ogarnia strach. Ból, którego doświadcza jest nadal żywy i wyraźny, więc lęk powoduje, że się dusi.

Saul może błagać, aby posłańcy zostawili go w spokoju i zaprzestali tortur, jednak to na nic. Im bardziej przerażony jest Saul, tym więcej radości z torturowania go mają posłańcy piekła. Posłańcy przekręcają włócznię i bezustannie zwiększają jego udrękę.

Arogancja jest zwiastunem zniszczenia

Sytuacja, którą opiszemy bardzo często zdarza się w kościele w dzisiejszych czasach. Nowy członek kościoła początkowo otrzymuje Ducha Świętego i jest nim wypełniony. Chce służyć Bogu. Jednakże po jakimś czasie zaczyna być nieposłuszny Bogu, kościołowi i jego pracownikom. Zaczyna osądzać i potępiać innych ludzi. Często staje się bardzo arogancki w tym, co robi.

Pierwsza miłość, którą odczuwał stopniowo zanika, a jego nadzieja na skarb w niebie zostaje przeniesiona na rzeczy ziemskie – rzeczy, które kiedyś porzucił. Nawet w kościele chce, aby inni mu służyli, staje się żądny pieniędzy i władzy i postępuje zgodnie z pragnieniami swojego ciała.

Kiedy był biedny, być może modlił się: „Boże, pobłogosław mnie środkami materialnymi." Co dzieje się, kiedy taka osoba otrzymuje błogosławieństwo? Zamiast użyć go, aby pomagać biednym, misjonarzom oraz dziełu Bożemu, marnuje Boże błogosławieństwo na przyjemności tego świata.

Z tego powodu rani Ducha Świętego. Jego dusz stawia czoła wielu próbom i trudnościom. Kara się zbliża. Jeżeli nie przestaje grzeszyć, jego sumienie może stać się nieczułe. Może być dla niego niemożliwe, aby rozróżnić wolę Bożą od pragnień jego serca, i często postępuje zgodnie z nimi.

Czasami może stać się zazdrosny w stosunku do sług Bożych, którzy są podziwiani i kochani przez innych członków kościoła. Może ich fałszywie oskarżać i przeszkadzać w ich służbie. Dla swojej własnej korzyści, tworzy odłamy w kościele, niszcząc kościół, w którym mieszka Jezus.

Taka osoba będzie sprzeciwiać się Bogu i stanie się narzędziem w ręku szatana, a w końcu będzie podobna do Saula.

Bóg sprzeciwia się dumie, jednak okazuje łaskę pokornym

W 1 Piotra 5,5 czytamy: *„Tak samo wy, młodzieńcy, bądźcie poddani starszym! Wszyscy zaś wobec siebie wzajemnie przyobleczcie się w pokorę, Bóg bowiem pysznym się sprzeciwia, a pokornym łaskę daje."* Dumny człowiek osądza poselstwo, kiedy je słyszy. Akceptuje tylko to, co jest zgodne z jego myślami, jednak odrzuca to, z czym się nie zgadza. Większość ludzkich myśli różni się od myśli Bożych. Nie możesz powiedzieć, że wierzysz w Boga i kochasz Go, jeśli przyjmujesz jedynie to, co ci odpowiada.

W 1 Jana 2,15 czytamy: „*Nie miłujcie świata ani tego, co jest na świecie! Jeśli kto miłuje świat, nie ma w nim miłości Ojca.*" Jeżeli kochamy ten świat, nie żyjemy w zgodzie z Bogiem, lecz nadal kroczymy w ciemności, kłamiemy i nie żyjemy zgodnie z prawdą (1 Jana 1,6).

Zawsze powinniśmy być ostrożni i stale powinniśmy sprawdzać samych siebie, aby zobaczyć, czy być może jesteśmy aroganccy, kiedy żądamy aby inni nam służyli, zamiast służyć im, oraz czy miłość do tego świata przepełnia nasze serce.

Czwarty poziom kary dla Judasza Iskarioty

Poznaliśmy już pierwszy, drugi i trzeci poziom kary w niższym grobie, pełnym okrucieństwa i okropności, których nie możemy sobie nawet wyobrazić. Przyjrzeliśmy się również wielu powodom, dla których potępione dusze otrzymują takie kary.

Od tej chwili, przyjrzymy się najgorszym karom ze wszystkich w niższym grobie. Jakie są przykłady niektórych kar na czwartym poziomie? Jakie zło musiały popełnić dusze, aby zasłużyć na takie kary?

Niewybaczalny grzech

Biblia mówi na, że niektóre grzechy mogą być wybaczone dzięki skrusze, podczas gdy inne nie mogą być wybaczone i takie grzechy prowadzą do śmierci (Mat. 12,31-32, Hebr. 6,4-

6, 1 Jana 5,16). Ludzie, którzy bluźnią przeciwko Duchowi Świętemu celowo popełniają grzechy, pomimo że znają prawdę. Takie grzechy należą do kategorii grzechów niewybaczalnych, a ludzi, którzy je popełniają wpadną najgłębiej do niższego grobu.

Na przykład, często widzimy ludzi, którzy zostali uzdrowieni lub ich problemy zostały rozwiązane dzięki łasce Bożej. Na początku, są rozentuzjazmowani pracą dla Boga i kościoła. Jednakże po jakimś czasie widzimy, jak bardzo kusi ich świat, tyle że tym razem pokusa jest silniejsza niż kiedykolwiek wcześniej, aż w końcu odwracają się od Boga.

Postępują zgodnie z pragnieniami tego świata. Sprawiają, że reputacja kościoła jest narażona, obrażają innych chrześcijan oraz sługi Boga. Często publicznie wyznają swoją wiarę w Boga, aby osądzać i oceniać innych ludzi i pastorów jako „heretyków" w oparciu o swoje własne poglądy. Kiedy widzą, że kościół jest wypełniony Duchem Świętym oraz cudami Boga, który działa poprzez swoje sługi, osądzają członków jako heretyków lub uważają dzieła Boga za dzieła szatana, ponieważ po prostu ich nie rozumieją.

Zdradzili Boga i nie potrafią się ukorzyć. Innymi słowy, tacy ludzie nie będą żałować za swoje grzechy. Stąd, po śmierci tacy chrześcijanie otrzymają cięższe kary niż ci, którzy nie wierzyli w Jezusa jako osobistego Zbawiciela i skończyli w niższym grobie.

W 2 Piotra 2,20-21 czytamy: *„Jeżeli bowiem uciekają od zgnilizny świata przez poznanie Pana i Zbawcy, Jezusa Chrystusa, a potem oddając się jej ponownie zostają pokonani,* *to koniec ich jest gorszy od początków. Lepiej bowiem byłoby im nie znać drogi sprawiedliwości, aniżeli poznawszy ją odwrócić się od podanego im świętego przykazania."* Ci ludzie byli nieposłuszni słowu Bożemu i sprzeciwili się Bogu mimo że znali Jego słowo I dlatego, otrzymają kary cięższe i gorsze niż ci, którzy nie wierzyli.

Ludzie, których sumienie jest nieczyste

Dusze, dla których przygotowano czwarty poziom kary nie tylko popełnili niewybaczalne grzechy, ale również mają nieczyste sumienie. Niektórzy z nich w pełni stali się sługami szatana, którzy sprzeciwiają się Bogu i Duchowi Świętemu. To jest tak, jakby sami osobiście ukrzyżowali Jezusa.

Jezus nasz Zbawiciel został ukrzyżowany, aby nasze grzechy mogły zostać przebaczone i aby człowiek został uwolniony od przekleństwa wiecznej śmierci. Jego drogocenna krew odkupiła wszystkich, którzy w Niego uwierzyli, jednak przekleństwo na tych, których oczekuje czwarty poziom kary, sprawia, że są oni wyłączeni z listy osób, które otrzymają zbawienie dzięki krwi Chrystusa. Dlatego, zostaną ukrzyżowani na własnych krzyżach i otrzymają karę w niższym grobie.

Judasz Iskariot, jeden z dwunastu uczniów Jezusa i być może najbardziej znany zdrajca w historii ludzkości, jest najlepszym przykładem. Na własne oczy widział Syna Bożego. Stał się jednym z uczniów Jezusa, poznał słowo, był świadkiem cudów i znaków. A jednak Judasz nigdy nie był w stanie odrzucić swojej chciwości i grzechów aż do końca. Ostatecznie, Judasz dzięki działaniu szatana sprzedał swojego nauczyciela za trzydzieści srebrników.

Bez względu na to, jak bardzo Judasz chciał sie ukorzyć

Kto jest bardziej winny: Poncjusz Piłat, który skazał Jezusa na ukrzyżowanie, czy Judasz, który sprzedał Jezusa Żydom? Odpowiedź Jezusa na jedno z pytań Piłata daje nam jasną odpowiedź:

> *Jezus odpowiedział: Nie miałbyś żadnej władzy nade Mną, gdyby ci jej nie dano z góry. Dlatego większy grzech ma ten, który Mnie wydał tobie* (Jan 19,11).

Grzech popełniony przez Judasza był okropny – grzech, który nie może zostać wybaczony i nie powoduje skruchy. Kiedy Judasz zdał sobie sprawę z ogromu grzechu, jaki popełnił, żałował i zwrócił pieniądze, jednak nigdy nie skruszył się.

Ostatecznie, nie był w stanie unieść ciężaru swojego grzechu i popełnił samobójstwo. W Dz. Ap. 1,18 czytamy opis jego marnego końca: *„Za pieniądze, niegodziwie zdobyte, nabył ziemię i spadłszy głową na dół, pękł na pół i wypłynęły wszystkie jego wnętrzności."*

Judasz powieszony na krzyżu

Jaki rodzaj kary czeka na Judasza w niższym grobie? W

najgłębszej części grobu, Judasz wisi na krzyżu z samego przodu. Krzyże osób, które silnie sprzeciwiły się Bogu są ustawione w linii, jednak krzyż Judasz jest z samego przodu. Scena przypomina masowy grób lub cmentarz po wojnie lub rzeźnię wypełnioną zabitym bydłem.

Ukrzyżowanie jest jedną z najokrutniejszych kar nawet w dzisiejszym świecie. Stosowanie ukrzyżowania służyło jak przykład i ostrzeżenie dla przestępców lub potencjalnych przestępców. Każdy, kto zawisł na krzyżu na kilka godzin, co jest olbrzymią udręką – większą niż sama śmierć – podczas których jego ciało rozdarte jest na kawałki, insekty kąsają jego ciało, a krew wypływa na zewnątrz – z niepokojem tęskni, aby wydać ostatni oddech możliwie jak najszybciej.

Na tym świecie, ból ukrzyżowania trwa najwyżej pół dnia. Jednakże, w niższym grobie, gdzie wszelkie tortury nie mają końca, tragedia niniejszej kary trwa aż do dnia sądu.

Co więcej, Judasz ma na głowie koronę cierniową, która rozrasta się i rozrywa mu skórę, przekłuwa czaszkę i rani mózg. Ponadto, pod jego stopami są istoty wyglądające jak poruszające się zwierzęta. Jednak kiedy spojrzymy z bliższa, zauważymy, że są to inne dusze strącone do niższego grobu. Nawet one prześladują Judasza. One również sprzeciwiły się Bogu i gromadziły zło, a ich sumienie jest nieczyste. One również otrzymują okrutne kary i tortury. Im okrutniejsze kary, tym bardziej gwałtowne się stają. Aby pozbyć się gniewu i udręki, kłują Judasza włóczniami.

Wtedy posłańcy piekła prześladują Judasza, mówiąc: „To jest ten, który sprzedał Mesjasza! On dał nam radość! Świetnie! O jakże to żałosne!"

Okrutne prześladowania umysłowe jako kara za sprzedanie Syna Bożego

W Niższym Grobie Judasz musi znosić nie tylko fizyczne, ale również umysłowe prześladowania. Zawsze będzie pamiętał, że został przeklęty z powodu sprzedania Syna Bożego. Ponadto, ponieważ imię „Judasz Iskariot" stało się synonimem zdrady nawet na tym świecie, jego umysłowe prześladowania będą stale wzrastać.

Jezus wcześniej wiedział, że Judasz go zdradzi oraz co się stanie z Judaszem po śmierci. Dlatego Jezus próbował nawrócić Judasza, mimo że był świadomy, iż taka próba się nie powiedzie. W Ewangelii Marka 14,21 czytamy: *„Wprawdzie Syn Człowieczy odchodzi, jak o Nim jest napisane, lecz biada temu człowiekowi, przez którego Syn Człowieczy będzie wydany. Byłoby lepiej dla tego człowieka, gdyby się nie narodził."*

Innymi słowy, jeżeli człowiek otrzymuje pierwszy rodzaj kary, który jest najlżejszy, lepiej byłoby dla niego, aby wcale się nie narodził, ponieważ ból, jaki będzie odczuwał się wielki. A co z Judaszem? On otrzyma najgorszy rodzaj kary.

Aby nie trafić do piekła

Kto boi się Boga i zachowuje Jego przykazania? Ten, kto zachowuje dzień święty i oddaje dziesięcinę – dwa fundamentalne elementy życia chrześcijańskiego.

Zachowywanie dnia świętego symbolizuje twoją świadomość Bożej zwierzchności nad duchową rzeczywistością. Zachowywanie dnia świętego służy jako znak, dzięki któremu można rozpoznać dzieci Boże. Jeżeli nie zachowujesz dnia świętego, bez względu na to, jak wyznajesz wiarę w Boga Ojca, nie ma możliwości przeprowadzenia duchowej weryfikacji tego, czy jesteś dzieckiem Bożym. W takiej sytuacji, nie ma innego wyjścia – trafisz do piekła.

Oddawanie dziesięciny Bogu oznacza, że przyjmujemy Bożą zwierzchność nad Jego własnością. Oznacza również, że uznajemy i rozumiemy, że Bóg jest pełnym właścicielem całego wszechświata. Zgodnie z Księgą Malachiasza 3,9 Izraelici zostali przeklęci, ponieważ ograbili Boga. On stworzył cały wszechświat i dał ci życie. On daje nam światło słoneczne i deszcz potrzebne do życia, energię do pracy, ochronę w ciągu dnia pracy. Bóg jest właścicielem wszystkiego co mamy. Stąd, pomimo że nasz zarobek należy do Boga, On pozwala nam oddawać sobie jedynie dziesiątą część tego, co zarabiamy, a resztę pozostawia do naszej dyspozycji. Pan mówi w Malachiaszu 3,10: *„Przynieście całą dziesięcinę do spichlerza, aby był zapas w moim domu, a wtedy możecie Mnie doświadczać w tym – mówi Pan Zastępów – czy wam nie otworzę zaworów niebieskich i nie zleję na was błogosławieństwa w przeobfitej mierze."* Tak długo jak jesteśmy wierni Bogu pod względem dziesięciny, Bóg otworzy bramy niebios i wyleje na nas błogosławieństwa. Jednakże, jeśli nie będziemy oddawać Bogu dziesięciny, oznacza to, że nie wierzymy w Jego obietnicę błogosławieństw, brakuje nam wiary do zbawienie i ponieważ okradamy Boga, nie trafimy do nieba, lecz do piekła.

Dlatego, musimy zachowywać dzień święty i oddawać dziesięcinę Temu, do którego ona należy, oraz zachowywać Jego przykazania zapisane w 66 księgach Biblii. Modlę się o ciebie, czytelniku, abyś nie znalazł się w piekle.

W niniejszym rozdziale skupiliśmy się na różnych rodzajach kar – głownie podzielonych na cztery poziomy. Kare te czekają na potępione dusze w niższym grobie. Jakże okrutnym, przerażającym i obrzydliwym miejscem jest niższy grób?

W 2 Piotra 2,9-10 czytamy: *„to wie Pan, jak pobożnych wyrwać z doświadczenia, niesprawiedliwych zaś jak zachować na ukaranie w dzień sądu, przede wszystkim zaś tych, którzy idą za ciałem w nieczystej żądzy i pogardę okazują Władzy, zuchwalcy, zarozumialcy, którzy nie wahają się przed wypowiadaniem bluźnierstw na Chwały."*

Źli ludzie popełniają grzechy i czynią zło, oraz przeszkadzają w działaniach kościoła, nie bojąc się Boga. Tacy ludzie bezmyślnie sprzeciwiają się Bogu i nie mogą ani nie powinni szukać, czy też oczekiwać pomocy od Boga w czasach prób i doświadczeń. Aż do momentu gdy przeprowadzony zostanie Sąd Wielkiego Białego Tronu, będą znajdować się w głębiach Niższego Grobu i otrzymywać kary zgodnie z rodzajem i okropnościom ich uczynków.

C, którzy prowadzą dobre, sprawiedliwe i poświęcone życie są w wierze posłuszni Bogu. Stąd, nawet jeśli ludzkie zło wypełniło ziemię, a Bóg musiał otworzyć bramę niebios i spuścić potop, widzimy, że jedynie Noe i jego rodzina zostali ocaleni (Ks. Rodz. 6-8).

Noe bał się Boga i był posłuszny Jego przykazaniom, dlatego uniknął sądu i osiągnął zbawienie. My również musimy być posłuszni Bogu we wszystkim, co robimy, abyśmy stali się prawdziwymi dziećmi Bożymi i osiągnęli to, co On dla nas zaplanował.

Rozdział 6

Kary za bluźnierstwo przeciwko Duchowi Świętemu

Cierpienie w gotującym się płynie

Wspinaczka po prostopadłym klifie

Usta wypalone rozgrzanym żelazem

Olbrzymie maszyny do tortur

Przywiązani do pnia drzewa

„Każdemu, kto mówi jakieś słowo przeciw
Synowi Człowieczemu, będzie przebaczone,
lecz temu, kto bluźni przeciw Duchowi Świętemu,
nie będzie przebaczone."
- Łukasza 12,10 -

„Niemożliwe jest bowiem tych – którzy raz zostali oświeceni,
a nawet zakosztowali daru niebieskiego i stali się uczestnikami
Ducha Świętego, zakosztowali również wspaniałości słowa
Bożego i mocy przyszłego wieku, a [jednak] odpadli – odnowić
ku nawróceniu. Krzyżują bowiem w sobie Syna Bożego
i wystawiają Go na pośmiewisko."
- Hebrajczyków 6,4-6 -

Kary za bluźnierstwo przeciwko Duchowi Świętemu

W Ewangelii Mateusza 12,31-32 czytamy: *„Dlatego powiadam wam: Każdy grzech i bluźnierstwo będą odpuszczone ludziom, ale bluźnierstwo przeciwko Duchowi nie będzie odpuszczone. Jeśli ktoś powie słowo przeciw Synowi Człowieczemu, będzie mu odpuszczone, lecz jeśli powie przeciw Duchowi Świętemu, nie będzie mu odpuszczone ani w tym wieku, ani w przyszłym."*

Jezus wypowiedział niniejsze słowa do Żydów, którzy przyszli do Niego, aby głosił ewangelię i wykonywał dzieła boskie, wmawiając Mu, że był pod wpływem złych duchów lub czynił cuda w mocy szatana.

Nawet dzisiaj, wielu ludzi, którzy wyznają wiarę w Jezusa potępia kościoły, które są wypełnione potężnymi dziełami i cudami Ducha Świętego, i uznają je za heretyckie lub za dzieło szatana po prostu dlatego, że nie potrafią zrozumieć, ani przyjąć. A jednak w jaki sposób może rozrastać się królestwo Boże i rozgłaszana ewangelia na cały świat bez działania mocy i władzy, która pochodzi od Boga, czyli działania Ducha Świętego?

Sprzeciwianie się działaniu Ducha Świętego niczym się nie różni od sprzeciwiania się samemu Bogu. Bóg nie uzna tych, którzy sprzeciwiają się działaniu Ducha Świętego jako swoich dzieci bez względu na to, jak bardzo oni uważają się za chrześcijan.

Stąd, pamiętajcie, że nawet po ujrzeniu i doświadczeniu Boga, przebywaniu z Jego ludem oraz oglądaniu znaków i cudów, jeśli człowiek potępia sługi Boże i określa kościół jako heretycki, przeszkadza oraz bluźni przeciwko Duchowi Świętemu, więc jedynym miejscem, do jakiego się dostanie jest piekło.

Jeśli kościół, pastor lub inny sługa Boży rzeczywiście uznaje Trójcę, wierzy w Biblię jako słowo Boga i naucza go, jest świadomy życia, które nadejdzie po śmierci – w niebie lub piekle, oraz w dzień sądu, jak również wierzy, że Bóg ma zwierzchnictwo na wszystkim, a Jezus jest naszym Zbawicielem i naucz innych na ten temat, nikt nie powinien ani nie może potępiać ani określać kościoła, pastora czy sługi Bożego mianem „heretyka."

Założyłem kościół Manmin w 1982 roku i przyprowadziłem niezliczoną ilość dusz drogą zbawienia poprzez działanie Ducha Świętego. Cudownie, wśród ludzi, którzy sami doświadczyli działania żyjącego Boga byli ci, którzy rzeczywiście sprzeciwiali się Bogu poprzez uniemożliwianie działania kościoła oraz rozprzestrzenianie plotek i kłamstw na temat mnie i kościoła.

Kiedy Bóg wyjaśniał mi udrękę i okrucieństwo piekła, Bóg pokazał mi również kary, które są przygotowanie w Niższym Grobie dla tych, którzy przeszkadzali, byli nieposłuszni lub bluźnili Duchowi Świętemu. Jakie kary ich oczekują?

Cierpienie w gotującym się płynie

Żałuję i przeklinam przysięgę małżeńską,
Którą złożyłam mężowi.
Dlaczego znalazłam się w tak okropnym miejscu?
On mnie oszukiwał i przez niego tutaj jestem!

Jest to lament żony, która otrzymuje w Niższym Grobie karę na poziomie czwartym. Powodem, dla którego jej przerażający jęk odbija się echem w ciemnych i zadymionych przestrzeniach jest to, że jej mąż oszukiwał ją, aby sprzeciwiała się Bogu.

Żona była złą kobietą, jednak głęboko w sercu odczuwała bojaźń Bożą. Stąd, nie była w stanie sprzeciwić się Duchowi Świętemu i Bogu samodzielnie. Jednakże, kiedy kobieta realizowała pragnienia ciała, jej sumienie było jednym ze złym sumieniem jej męża, więc wspólnie sprzeciwiali się Bogu i Jego dziełom.

Para, która wspólnie czyniła zło, teraz wspólnie ponosi karę nawet w niższym grobie, i będzie cierpieć za wszystkie swoje złe uczynki. Jaka będzie ich kara w niższym grobie?

Torturowani jeden po drugim

Garnek wypełniony jest śmierdzącymi ściekami. Potępione dusze są w nim zanurzane jedna po drugiej. Kiedy posłaniec piekła wrzuca potępioną duszę do garnka, temperatura płynu parzy całe ciało i pokrywa je pęcherzami, które przypomina teraz tył ropuchy, oraz powoduje, że oczy są wytrzeszczone.

Zawsze kiedy desperacko próbują uniknąć tortury i wystawiają głowę z garnka, czują na sobie wielkie stopy, które wpychają je z powrotem.

Po jakimś czasie dusza ponownie wystawia głowę, ponieważ nie może wytrzymać palącego bólu. Właśnie wtedy, jak wiele razy wcześniej, są wpychane z powrotem do garnka. Co więcej, ponieważ dusze na przemian poddawane są torturom, jeśli mąż jest w środku, żona musi patrzyć i odwrotnie.

Garnek jest przeźroczysty, tak więc dokładnie widać to, co dzieje się w środku. Po pierwsze, kiedy mąż lub żona widzą swojego ukochanego/ukochaną torturowaną w tak okrutny sposób, błagają o litość.

Tam jest moja żona!
Proszę, wyciągnijcie ją!
Proszę, darujcie jej te okrucieństwa.
Nie, nie wciskajcie jej ponownie.
Proszę, wyciągnijcie ją, proszę!

Po jakimś czasie kończy się błaganie męża. Po kilkukrotnych torturach, uświadomił sobie, że kiedy jego żona cierpi, on ma chwilę przerw, a kiedy ona wyjdzie z garnka, przyjdzie kolej na jego tortury.

Winią i przeklinają się nawzajem

Małżeństwa na tej ziemi nie będą małżeństwami w niebie. Jednakże, ta para pozostanie małżeństwem z niższym grobie, i wspólnie przyjmie karę. Dlatego ponieważ wiedzą, że powinni być karani na zmianę, ich błaganie przybiera teraz drastycznie inny ton.

Nie, nie, proszę nie wyciągajcie jej jeszcze.
Niech posiedzi tam jeszcze trochę.
Zostawcie ją tam

Żebym mógł trochę dłużej odpocząć.

Żona pragnie, aby jej mąż cierpiał bez przerwy, a mąż błaga, aby żona została w garnku tak długo, jak to możliwe. Jednakże, patrzenie jak ktoś cierpi nie daje możliwości odpoczynku. Krótkie przerwy nie nadrabiają ciągłej udręki, szczególnie ponieważ mąż wie, że po żonie przychodzi jego kolej. Ponadto, kiedy jedno z nich jest torturowane i słyszy, jak drugie błaga o dłuższą karę, oboje przeklinają się.
Tutaj właśnie uświadamiamy sobie rezultaty miłości cielesnej. Rzeczywistość miłości cielesnej i rzeczywistość piekła oznacza nieznośne cierpienie z powodu olbrzymich tortur, kiedy ona lub on życzą drugiej osobie, aby była torturowana jeszcze dłużej dla własnej korzyści.

Ponieważ żona żałuje, że sprzeciwiła się Bogu z powodu swojego męża, chętnie powtarza mężowi: „To przez ciebie tutaj jestem." W odpowiedzi słyszy głośne słowa męża, który przeklina ją i obwinia za to, że brała udział i wspierała jego złe uczynki.

Im więcej zła uczyniła para...

Posłańcy piekła w Niższym Grobie są zadowoleni i radości z powodu męża i żony, którzy przeklinają się i błagają posłańców, aby ich partner był torturowany dłużej i ciężej.

Patrzcie, przeklinają się nawzajem!
Ich zło daje nam tyle radości!

Tak, jakby oglądali ciekawy film, posłańcy piekła zwracają uwagę i dokładają do ognia, aby sprawić sobie jeszcze więcej radości. Im bardziej mąż i żona cierpią, tym bardziej się przeklinają, dając posłańcom powody do śmiechu.

Musimy to dobrze zrozumieć. Kiedy ludzie czynią zło w swoim życiu, złe duchy cieszę się. Im więcej zła popełniają ludzie, tym bardziej oddalają się od Boga.

Kiedy stawiasz czoła trudnościom i idziesz na kompromis ze światem, lament i narzekanie wzrastają w pewnych okolicznościach, przychodzi do ciebie diabeł i sprawia, że cierpisz jeszcze bardziej.

Mądry człowiek, który zna prawo duchowego świata, nie będzie lamentował ani narzekał, lecz będzie dziękował bez względu na okoliczności i zachowa pozytywne nastawienie zawsze wyznając swoją wiarę w Boga i upewniając się, że jego serce skupione jest właśnie na Nim. Ponadto, jeśli zły człowiek dręczy cię, w Rzym. 12,21 czytamy: *"Nie daj się zwyciężyć złu, ale zło dobrem zwyciężaj."* Musisz stawiać czoła złemu z dobrem w sercu i postępować zgodnie z wolą Bożą.

Kiedy postępujesz dobrze i chodzisz w światłości, posiądziesz moc i władzę, aby pokonać wpływ złych duchów. Wróg szatan i złe duchy nie będą uważały cię za złego człowieka i wszelkie trudności odejdą szybciej. Bóg jest zadowolony, kiedy Jego dzieci zachowują się i żyją zgodnie z ich wiarą.

Bez względu na okoliczności nie powinieneś emanować złem tak, jak pragnie tego szatan i złe duchy, lecz zawsze myśleć o prawdzie i zachowywać się zgodnie ze swoją wiarą w taki sposób, który raduje Boga Ojca.

Wspinaczka po prostopadłym klifie

Jeśli jesteś sługą Bożym, starszym zboru czy pracownikiem kościoła, jest bardzo prawdopodobne, że staniesz się ofiarą szatana, jeśli nie obrzezasz swojego serca i nie zaprzestaniesz grzeszyć. Niektórzy ludzie odwracają się od Boga, ponieważ kochają ten świat. Innie przestają chodzić do kościoła po tym, jak byli kuszeni. Jeszcze inni sprzeciwiają się Bogu i przeszkadzają w Jego planach dla kościoła i misji, co prowadzi ich do śmierci.

Przypadek całej rodziny, która zdradziła Boga

Przyjrzyjmy się historii rodziny człowieka, który kiedyś wiernie pracował dla Bożego kościoła. Rodzina nie oczyściła swoich serc, które były pełne porywczości i chciwości. Dlatego, rządzili innymi członkami i grzeszyli. W końcu, kara Boża spadła na nich, kiedy u ojca rodziny zdiagnozowano poważną chorobę. Całą rodzina zeszła się i zaczęła się modlić ze skruchą o ojca oraz o własne życie.

Bóg wysłuchał ich modlitw i uzdrowił ojca. Bóg powiedział mi wtedy coś zupełnie nieoczekiwanego: „Jeśli powołam jego ducha teraz, może otrzymać chociaż wstydliwe zbawienie. Jeśli pozwolę mu żyć dłużej, nie będzie w stanie dostąpić zbawienia."

Nie rozumiałem, co Bóg miał na myśli, jednak kilka miesięcy później, kiedy widziałem zachowanie tej rodziny, zrozumiałem.

Jeden członek rodziny był wiernym pracownikiem w moim kościele. Zaczął przeszkadzać Bożemu kościołowi fałszywie zeznając przeciwko kościołowi i czyniąc wiele złych uczynków. W końcu, cała rodzina dała się oszukać i odwróciła się od Boga.

Kiedy były pracownik kościoła przeszkadzał w działaniu oraz bluźnił przeciwko Duchowi Świętemu, reszta rodziny popełniała niewybaczalne grzechy, a ojciec, który został uzdrowiony dzięki modlitwom wkrótce zmarł. Jeśli ojciec umarły by wtedy, kiedy miał jeszcze odrobinę wiary, mógł dostąpić zbawienia. Jednakże porzucił swoją wiarę, pozbawiając się szansy na zbawienie. Co więcej, każdy członek rodziny również wpadnie do niższego grobu, gdzie wpadł ojciec oraz gdzie wszyscy otrzymają karę. Jakie będą to kary?

Wspinaczka na stromy klif bez odpoczynku

W miejscu, gdzie rodzina otrzymuje karę znajduje się stromy klif. Klif jest tak wysoki, że z góry nie widać jego podnóża. Przerażający chłód wypełnia powietrze. W połowie drogi w górę trzy dusze potępione otrzymują karę – z daleka wyglądają jak trzy małe kropki.

Wspinają się po stromym klifie gołymi rękami i stopami. Tak, jakby ich ręce i stopy były owinięte papierem ściernym, ich skóra zdziera się. Ich ciała pokryte są krwią. Powodem, dla którego wspinają się po tym okropnie stromym klifie jest próba uniknięcia posłańców piekła, którzy za nimi podążają.

Kiedy posłaniec piekła, po chwili przyglądania się duszom wpinającym się na klif, podnosi dłoń, małe insekty, które wyglądają dokładnie tak samo, jak posłańcy piekła, pokrywają ziemię jak cząsteczki wody rozpryskiwane w sprayu. Pokazując swoje ostre zęby, insekty szybko wspinają się po klifie i ścigają dusze.

Wyobraź sobie setki stonóg, ptaszników i karaluchów, wszystkie wielkości palca, pokrywających podłogę twojego domu. Wyobraź sobie wszystkie te przerażające insekty zmierzające w twoim kierunku.

Widok tych insektów wystarczy, aby cię przerazić. Jeżeli wszystkie naraz ruszą w twoim kierunku, będzie to dla ciebie przeżycie mrożące krew w żyłach. Jeżeli zaczną na ciebie wchodzić i okrywać twoje ciało, jakże musi być to okropne przeżycie?

W Niższym Grobie nie da się stwierdzić, czy są tam setki czy tysiące insektów. Dusze wiedzą, że jest ich niezliczona ilość.

Niezliczona liczba insektów atakuje dusze

Widząc insekty u podnóża klifu, dusze wspinające się po nim przyspieszają. Jednak insektom nie potrzeba dużo czasu, aby je dogonić. Insekty pokrywają ciała dusz potępionych tak, że dusze natychmiast spadają na ziemię, gdzie insekty kąsają ich ciało.

Ciała dusz są całe pogryzione, a ból jest tak wielki, że trudno go znieść, więc dusze wołają bezsilnie o pomoc, trzęsąc się z bólu. Próbują zrzucić insekty, ocierają się o siebie i przeklinają się nawzajem. W całej udręce każdy z nich emanuje złem i szuka jedynie własnych korzyści, przeklinając pozostałych. Posłańcy piekła odczuwają przyjemność bardziej niż kiedykolwiek, widząc, co się dzieje.

Wtedy posłańcy piekła odkurzają powierzchnię i zbierają insekty tak, że po chwili już ich nie ma. Dusze nie są już gryzione przez insekty, jednak nie potrafią przestać wspinać się po klifie. Są świadome, że latający posłańcy piekła ponownie wypuszczą owady. Z całej siły próbują wspiąć się na klif. Są przerażone tym, co ich czeka, a lęk utrudnia im wspinaczkę.

Bólu ukąszeń nie da się zignorować. Dusze ze strachem patrzą na swoje ciała pokryte krwią i ukąszeniami. Wspinają się tak szybko, jak potrafią. Jakże okropny to widok!

Usta wypalone rozgrzanym żelazem

W Księdze Przysłów 18,21 czytamy: *„Życie i śmierć są w mocy języka, [jak] kto go lubi [używać], tak i spożyje zeń owoc."* Natomiast w Mateuszu 12,36-37 Jezus mówi: *„A powiadam wam: Z każdego bezużytecznego słowa, które wypowiedzą ludzie, zdadzą sprawę w dzień sądu. Bo na podstawie słów twoich będziesz uniewinniony i na podstawie słów twoich będziesz potępiony."* Niniejsze fragmenty mówią nam, że Bóg uzna nas za odpowiedzialnych za nasze słowa i będzie nas sądził sprawiedliwie.

Z jednej strony, ci, którzy wypowiadają dobre słowa prawy wydają dobre owoce zgodnie ze swoimi słowami. Z drugiej strony, ci którzy wypowiadają złe słowa bez wiary wydają złe owoce zgodnie ze złymi słowami wychodzącymi z ich ust. Czasami widzimy, jak wypowiadane słowa mogą przynieść nieznośny ból i udrękę.

Zostaniemy rozliczeni z każdego słowa

Niektórzy wierzący z powodu prześladowań mówią następujące słowa lub modlą się: „Jeżeli moja rodzina ukorzy się dzięki jakiemuś wypadkowi, to dobrze że się wydarzy." Jak tylko szatan słyszy takie słowa, oskarża taką osobę przed Bogiem, mówiąc: „Słowa tej osoby powinny się spełnić." Stąd, słowo staje się ziarnem, a wypadek rzeczywiście ma miejsce, czego konsekwencją jest niepełnosprawność lub inne trudności.

Czy konieczne jest sprowadzanie na siebie cierpienia takimi głupimi i niepotrzebnymi słowami? Niestety, kiedy cierpienie pojawia się w życiu, wielu ludzi chwieje się. Inni nie są nawet świadomi, że trudności pojawiły się z powodu ich własnych słów, ponieważ nie pamiętają słów, które sami wypowiedzieli.

Dlatego, pamiętając, że zostaniemy rozliczeni z każdego słowa, musimy zachowywać się możliwie najlepiej i powstrzymywać swój język. Bez względu na zamiary, jeśli to, co mówimy nie jest dobre ani piękne, szatan może bardzo łatwo obciążyć cię odpowiedzialnością za twoje słowa – i z pewnością tak uczyni – abyś był poddany udręce i często niepotrzebnym trudnościom.

Co się stanie komuś, kto celowo kłamie na temat kościoła Bożego i Jego sług, tym samym przeszkadzając misji i sprzeciwiając się Bogu? On czy ona szybko trafią pod kontrolę i wpływ szatana, skazując się na cierpienia w piekle.

Poniżej znajduje się przykład kar, które czekają na osoby,

które sprzeciwiały się Duchowi Świętemu wypowiadanymi słowami.

Ludzie sprzeciwiający się Duchowi Świętemu słowami

Była pewne osoba, która uczęszczała i służyła w naszym kościele przez długi czas na różnych stanowiskach. Jednakże, nie oczyścił swojego serca, co jest najważniejszym elementem chrześcijańskiego życia. Z zewnątrz wydawał się wiernym pracownikiem, który kochał Boga, kościół oraz współwyznawców.

Wśród członków jego rodziny był ktoś, kto został uzdrowiony z nieuleczalnej choroby, która mogła wywołać stała niepełnosprawność, oraz ktoś, kto został wyciągnięty znad grobu. Ponadto, jego rodzina doświadczyła wielu błogosławieństw od Boga, jednak on nigdy nie oczyścił swojego serca ani nie odrzucił zła.

Więc, kiedy kościół stawiał czoła trudnościom, jego rodzina była kuszona przez szatana i zdradziła kościół. Nie pamiętając o łasce i błogosławieństwach, które otrzymał poprzez kościół, opuścił kościół, w którym długo służył. Ponadto, zaczął sprzeciwiać się kościołowi, rozpoczął samodzielną ewangelizację i odwiedzał członków kościoła, mieszając im w głowach.

Nawet gdyby opuścił kościół, ponieważ nie był pewny swojej wiary, miał możliwość otrzymać łaskę Bożą, jeśli zachowałby pewne kwestie, co do których nie był pewny dla siebie oraz próbował odróżnić dobro od zła.

Jednakże, nie potrafił pokonać swojego zła i grzeszył zbyt dużo, wypowiadając nieodpowiednie słowa, dlatego czeka na niego jedynie należna udręka.

Poparzone usta i wykręcone ciała

Posłaniec piekła parzy usta rozgrzanym żelazem, ponieważ ten człowiek poważnie sprzeciwiał się Duchowi Świętemu poprzez słowa, które wypowiadał. Taka kara jest podobna do kary, którą otrzymuje Poncjusz Piłat, który skazał Jezusa na ukrzyżowanie słowami swoich ust, dlatego jego język został trwale usunięty.

Ponadto, dusza zmuszona jest, aby wejść do szklanej rury, w której zainstalowane są metalowe uchwyty. Kiedy posłańcy piekła przekręcają uchwyty, ciało duszy jest uwięzione i wykręcane. Jego ciało jest przekręcane coraz bardziej, i tak jak z brudnego mopa wykręca się brudną wodę, krew duszy wypływa przez oczy, nos i inne dziurki w ciele. W końcu, cała jego krew oraz soki zostają z niego wyciśnięte z jego komórek.

Czy możesz sobie wyobrazić, ile siły potrzeba, aby wycisnąć kroplę krwi z twojego palca?

Krew oraz soki duszy potępionej są wyciskane z całego jej ciała, od głowy do stóp. Wszystkie kości i mięśnie są wykręcone i rozdarte, komórki jego ciała rozpadają się, aby wycisnąć wszelkie płyny z jego ciała. Jakże bolesne!

W końcu, szklana rura jest pełna krwi i soków z ciała potępionego tak, że wygląda jak butelka czerwonego wina. Po tym, jak posłańcy piekła wykręcają ciało, by wycisnąć z niego ostatnią kroplę płynu, zostawiają ciało w spokoju na krótką chwilę, aby się zregenerowało.

Jednak kiedy jego ciało się zregeneruje, jaką ma nadzieję? Od chwili zregenerowania jego ciała, skręcania i wyciskanie ciała rozpoczyna się od początku i trwa bez końca. Innymi słowy, chwile pomiędzy torturami są jedynie wydłużeniem tortur.

Poprzez sprzeciwianie się królestwu Bożemu wypowiadanymi słowami, usta potępionego są parzone, a wszelkie płyny są wyciskane z jego ciała jako kara za aktywną pomoc z dziełach szatana.

W świecie duchowym człowiek zbiera to, co posieje, i ponosi odpowiedzialności za wszystko, co zrobił. Pamiętajcie o tym i nie ulegajcie złu, lecz prowadźcie życie, które przyniesie chwałę Bogu poprzez dobre słowa i uczynki.

Olbrzymie maszyny do tortur

Dusza potępionego osobiście doświadczyła działania Ducha Świętego, kiedy został uleczona z choroby i słabości. Później modlił się z całego serca, aby oczyścić je. Duch Święty prowadził go i chronił, dzięki czemu człowiek ten wydawał owoce, zdobył szacunek i miłość członków kościoła oraz został pastorem.

W pułapce własnej dumy

Kiedy zdobył szacunek i miłość ludzi wokół siebie, stawał się coraz bardziej arogancki tak, że nie widział już siebie w odpowiednim świetle i nieświadomie przestał oczyszczać swoje serce. Zawsze był człowiekiem porywczym i zazdrosnym, zamiast odrzucić zło, zaczął osądzać i potępiać ludzi, którzy mieli rację i zachowywał urazę w stosunku do każdego, kto się z nim nie zgadzał.

Kiedy człowiek uwięziony jest w pułapce swojej własnej dumy i czyni zło, zło emanuje z niego i nie jest w stanie powstrzymać się ani przyjąć niczyjej rady. Dusza gromadzi zło, schwytana w pułapkę szatana i otwarcie sprzeciwia się Bogu.

Zbawienie nie jest pełnie, jeśli nie otrzymamy Ducha Świętego. Nawet jeśli zostaniesz wypełniony Duchem Świętym, doświadczysz łaski i służysz Bogu, jesteś jak biegacz w maratonie, który nadal nie dotarł do końca – oczyszczenia. Bez względu na to, jak szybko dobiegniesz do miejsca, bez względu na to, jak blisko końca jesteś, jeżeli przestaniesz biec, to jest koniec twojego wyścigu.

Nie zakładaj, że stoisz na pewnym gruncie

Bóg mówi nam, że jeśli jesteśmy letni, nie dostąpimy zbawienia (Ap. 3,16). Nawet jeśli jesteś człowiekiem wiary, musisz być zawsze wypełniony Duchem Świętym, zachować miłość do Boga i walczyć o królestwo Boże. Jeśli zatrzymasz się w swoim wyścigu w połowie drogi, tak samo jak ci, którzy wcale nie biorą udziału w wyścigu, nie zostaniesz zbawiony.

Z tego powodu Paweł, który był wierny Bogu z całego serca, wyznał: *„Zapewniam was, przez chlubę, jaką mam z was w Jezusie Chrystusie, Panu naszym, że każdego dnia umieram"*

(1 Kor. 15,31) oraz że *„lecz poskramiam moje ciało i biorę je w niewolę, abym innym głosząc naukę, sam przypadkiem nie został uznany za niezdatnego"* (1 Kor. 9,27).

Nawet jeśli możesz nauczać innych, jeżeli nie odetniesz się od swoich myśli oraz nie uczynisz z siebie niewolnika Bożego tak, jak Paweł, Bóg zapomni o tobie, ponieważ *„Przeciwnik wasz, diabeł, jak lew ryczący krąży szukając kogo pożreć"* (1 Piotra 5,8).

W 1 Koryntian 10,12 czytamy: *„Niech przeto ten, komu się zdaje, że stoi, baczy, aby nie upadł."* Duchowa rzeczywistość jest niezmierzona. Proces naszego upodabniania się do Boga również nie ma końca. Tak, jak farmer sieje ziarno na wiosnę, pielęgnuje w lecie i zbiera na jesień, tak my musimy stale iść do przodu, aby przygotować naszą duszę na spotkanie z Panem.

Skręcanie i podnoszenie głowy

Jakiego rodzaju kary czekają na duszę, która przestała oczyszczać swoje serce, ponieważ wydawało jej się, że pewnie stoi, jednak w końcu upadał?

Maszyna, która wygląda jak posłaniec piekła, upadły anioł, torturuje ją. Maszyna jest większa niż posłanie i sam jej widok powoduje dreszcze. Po obu stronach ma szybu znajdują się ostre długie pazury wielkości człowieka.

Dusza jest przymocowana do maszyny za szyję. Maszyna wykręca ciałem, pazury wbijają się w głowę i mózg. Czy potrafisz sobie wyobrazić jak to musi boleć?

Ból fizyczny jest ogromny, a udręka umysłowa nie do

zniesienia. Przed oczami cierpiącej duszy pojawiają się obrazy, ukazujące najszczęśliwsze chwile życia: szczęście, kiedy po raz pierwszy doświadczył Bożej łaski, uwielbiał Boga, chętnie wypełniał Boże przykazanie: „idź i czyń uczniami wszystkie narody," itp.

Tortury umysłowe i kpiny

Dla duszy każda scena jest jak sztylet w serce. Człowiek ten był kiedyś sługą Boga, pełnym nadziei na mieszkanie w Nowym Jeruzalem. Teraz jest potępiony w paskudnym miejscu. Taki kontrast sprawia, że jego serce jest rozdarte na kawałki. Dusza nie jest w stanie wytrzymać umysłowy tortur i chowa swoją zakrwawioną głowę w dłoniach. Błaga o litość oraz koniec tortur, jednak udręka nie ma końca.

Po jakimś czasie maszyna zrzuca duszę na ziemię. Wtedy posłańcy piekła, którzy obserwowali cierpienie duszy, otaczają ją i maltretują, mówiąc: „Jak mogłeś być sługą Boga? Stałeś się apostołem szatana, a teraz jesteś jego zabawką."

Kiedy dusza słucha wyśmiewania, szlochów i błaga o litość, maszyna znów unosi ją w górę i znów powtarza te same tortury fizyczne oraz pojawiające się obrazy. Takie tortury będą trwały do Dnia Sądu.

Przywiązani do pnia drzewa

To jest kara byłego sługi Bożego, który kiedyś nauczał

członków swojego kościoła i pełnił funkcje kierownicze.

Sprzeciwianie się Duchowi Świętemu

Ta dusza miała silne pragnienie sławy, korzyści materialnych oraz potęgi. Pełniła swoje obowiązki, jednak nie zdawała sobie sprawy z własnego zła. W pewnym momencie, przestała się modlić i starać się oczyścić swoje serce. Nieświadomie zło wzrastało w niej jak trujące grzyby, a kiedy kościół stanął w obliczu kryzysu, człowiek ten natychmiast poddał się pod kontrolę szatanowi.

Kiedy sprzeciwił się Duchowi Świętemu, ulegając pokusie szatana, jego grzechy stały się poważniejsze, ponieważ był liderem kościoła i miał negatywny wpływ na wielu członków oraz utrudniał rozwój kościoła.

Poddany torturom i wyśmiewaniu

Ten człowiek otrzymuje karę – jest przywiązany do pnia drzewa w niższym grobie. Jego kara nie jest tak ciężka jak kara Judasza, jednak nadal trudna do zniesienia.

Posłaniec piekła pokazuje duszy obrazy z najszczęśliwszych momentów jej życia, w większości z okresu, kiedy człowiek ten był wiernym sługą Boga. Taka udręka przypomina mu, że był kiedyś szczęśliwy i miał szanse na Boże błogosławieństwa, jednak nigdy nie oczyścił swojego serca, ponieważ jego chciwość i fałsz doprowadziły go do okrutnej kary, jaką ponosi.

Z sufitu zwisa niezliczona ilość czarnych owoców. Posłaniec

piekła pokazuje duszy obrazy z jej życia, a następnie pokazuje na sufit i naśmiewa się: „Twoja chciwość zrodziła ci takie owoce." Owoce zaczynają spadać. Każdy owoc przypomina głowę człowieka, który odwrócił się od Boga z powodu tego człowieka. Popełniali te same grzechy, więc ich ciała zostały odcięte. Jedynie głowy nadal są przymocowane do sufitu. Dusza, która została przywiązana do pnia drzewu, kusiła ludzi, aby podążali ścieżką chciwości oraz czynienia zła, i dlatego sami stali się owocami chciwości.

Zawsze kiedy sługa piekła wyśmiewa się z niego, wyśmiewanie jest sygnałem do tego, aby owoce spadły i roztrzaskały się jeden po drugim. Na końcu spada również głowa duszy potępionej. Dramaty, filmy historyczne lub filmy akcji, sztuki lub filmy, w których głowa głównego bohatera jest odcięta przedstawiają głowę martwego bohatera z przerzedzonymi włosami, zakrwawioną twarzą, spuchniętymi ustami i załzawionymi oczami. Głowy, które spadają z sufitu wyglądają podobnie do głów w takich filmach.

Głowy odpadające z sufitu gryzą duszę

Kiedy obrzydliwe głowy odpadają od sufitu, jedna po drugiej przylegają do dusz potępionych. Najpierw przylegają do nóg i kąsają je. Kolejna scena pojawia się przed oczyma dusz, a posłaniec piekła ponownie dręczy je, mówiąc: „Patrz, twoja chciwość wisi na suficie." Wtedy z sufitu odpada kolejny worek, wysypują się kolejne głowy i gryzą ramiona dusz potępionych.

W taki sposób, kiedykolwiek posłaniec piekła wyśmiewa

duszę, z sufitu spada głowa – i tak jedna po drugiej. Głowy dyndają wokół ciał potępionych jak owoce na drzewie. Ból kąsania jest zupełnie inny niż ból, kiedy kąsa lub gryzie zwierzę na tej ziemi. Trucizna wypływająca z ostrych zębów rozprzestrzenia się po częściach ciała oraz kościach, a ciało robi się twarde i ciemne. Ból jest tak ogromny, że nie można go porównać do ukąszeń insektów czy też rozdzierania ciała przez dzikie bestie.

Dusze pozostawione są na pastwę i cierpienie, a ich ciała rozrywane są na kawałki. Jakże wiele nienawiści skierowanej jest na dusze? Mimo, że sprzeciwiły się Bogu z powodu zła w ich sercach, ich pragnienie nadal jest olbrzymie i są zdesperowane, aby odpłacić się za swój upadek.

Dusze dobrze wiedzą, że zostaną ukarane z powodu swojej chciwości. Jednakże, zamiast żałować lub pokutować za grzechy, przeklinają inne dusze. Czas mija, a ból wzrasta z każdą chwilą. Dusze stają się coraz bardziej zawzięte w swoim okrucieństwie.

Nie możesz popełniać niewybaczalnych grzechów

Podałem pięć przykładów kar, które ponoszą osoby, które sprzeciwiły się Bogu. Takie dusze otrzymają jeszcze cięższe kary niż inni, ponieważ w pewnej chwili życia pracowali dla Boga i działali w kościele jako liderzy kościoła.

Musimy pamiętać, że wiele osób, które znalazły się w Niższym Grobie oraz są karane, myślały, że wierzą w Boga oraz wiernie i chętnie służyły Bogu i kościołowi.

Co więcej, należy pamiętać, że nie wolno sprzeciwiać się czy bluźnić przeciwko Duchowi Świętemu. Duch pokuty nie zostanie udzielony tym, którzy sprzeciwiają się Duchowi Świętemu, szczególnie jeśli sprzeciwiają się Duchowi Świętemu, kiedy wcześniej wyznawały wiarę w Boga i doświadczyły działania Ducha Świętego. Stąd, nie będą mogły odpokutować za swoje grzechy.

Od wczesnych dni mojej służby aż do dziś, nigdy nie krytykowałem innych kościołów ani innych sług Bożych, ani też nigdy nie określałem ich mianem „heretyków." Jeśli inne kościoły oraz pastorzy wierzą w Trójcę, uznają istnienie nieba i piekła, oraz głoszą poselstwo zbawienia przez Jezusa Chrystusa, jakże mogą być heretykami?

Co więcej, potępianie oraz etykietowanie jakiegokolwiek kościoła lub człowieka, przez którego działa Bóg oraz ukazuje swoje działanie i moc jest wyraźnym sprzeciwianiem się Duchowi Świętemu. Należy zapamiętać, że za taki grzech, człowiek nie dostąpi przebaczenia.

Dlatego, dopóki prawda nie będzie wyraźna i pewna, nikt nie może potępiać drugiego człowieka, nazywając go „heretykiem." Ponadto, nigdy nie powinieneś popełniać grzechu sprzeciwiania oraz przeszkadzania Duchowi Świętemu swoimi słowami.

Jeżeli nie wypełnisz obowiązków danych ci przez Boga

Nigdy nie powinniśmy ignorować obowiązków danych nam przez Boga bez względu na okoliczności. Jezus podkreślił ważność obowiązków poprzez przypowieść o talentach (Mat. 25).

Był pewien człowiek, który wyjeżdżał w podróż. Pozostawił swoim sługą do opieki swoją własność zgodnie z ich umiejętnościami. Pierwszemu słudze dał pięć talentów, drugiemu dwa, a trzeciemu jeden. Pierwszy i drugi sługa pracowali na pomnożeniem powierzonych pieniędzy i udało im się zyskać, natomiast sługa, który otrzymał jeden talent zignorował sprawę, zakopał talent w ziemi, ukrywając pieniądze swojego pana. Po długim czasie pan powrócił i sprawdził pracę swoich sług. Pierwszy i drugi sługa wykazali podwójny zysk. Pan pochwalił ich, mówiąc: „Dobrze, sługo dobry i wierny." Sługa, który otrzymał jeden talent został odrzucony, ponieważ nie pracował, aby podwoić zysk, lecz zakopał powierzone mienie.

Talent w przypowieści odnosi się do obowiązków danych nam przez Boga. Bóg odrzuca tych, którzy nie wypełniają swoich obowiązków, a jednak jest tak wielu ludzi, którzy nie podejmują wysiłku. Musimy uświadomić sobie, że ci, którzy ignorują swoje obowiązki zostaną osądzeni w Dniu Sądu.

Odrzuć hipokryzję i oczyść swoje serce

Jezus odnosi się również do ważności oczyszczenia serca, kiedy napomina uczonych w Piśmie i faryzeuszy, nazywając ich hipokrytami. Uczeni w Piśmie oraz faryzeusze wydają się prowadzić dobre życie, jednak ich serca są pełne zła, więc Jezus napomina ich, mówiąc, że są jako groby pobielane.

„Biada wam, uczeni w Piśmie i faryzeusze, obłudnicy! Bo podobni jesteście do grobów pobielanych, które z

zewnątrz wyglądają pięknie, lecz wewnątrz pełne są kości trupich i wszelkiego plugastwa. Tak i wy z zewnątrz wydajecie się ludziom sprawiedliwi, lecz wewnątrz pełni jesteście obłudy i nieprawości" (Mat. 23,27-28).

Z tego samego powodu, nie ma sensu nakładanie makijażu oraz eleganckich ciuchów, jeśli twoje serce jest pełne zazdrości, nienawiści czy arogancji. Bardziej niż cokolwiek innego, Bóg pragnie, abyśmy oczyścili swoje serca i odrzucili zło.

Ewangelizowanie, dbanie o innych członków kościoła oraz służba kościołowi są ważne. Jednakże, najważniejszą rzeczą jest miłość do Boga, chodzenie w światłości oraz upodobnienie się do Boga. Powinniśmy być tak święci jak Bóg jest święty oraz tak doskonali, jak Bóg jest doskonały.

Z jednej strony, jeśli twój zapał dla Boga nie wypływa z serca i wiary, może zaniknąć i nie będziemy przynosić chluby Bogu. Z drugiej strony, jeśli ktoś oczyści swoje serce, aby stać się świętym, jego serce będzie wydzielać zapach, który prawdziwie ucieszy Boga.

Co więcej, bez względu na to, jak dobrze poznałeś słowo Boga, ważniejsze jest aby postępować i żyć zgodnie z Jego słowem. Powinniśmy zawsze pamiętać o istnieniu okrutnego piekła, oczyszczeniu swojego serca oraz o tym, że kiedy Jezus powróci, będziemy jednymi z tych, którzy jako pierwsi Go uściskają.

W 1 Liście do Koryntian 2,12-14 czytamy: *„Otóż myśmy nie*

otrzymali ducha świata, lecz Ducha, który jest z Boga, dla poznania darów Bożych. A głosimy to nie uczonymi słowami ludzkiej mądrości, lecz pouczeni przez Ducha, przedkładając duchowe sprawy tym, którzy są z Ducha. Człowiek zmysłowy bowiem nie pojmuje tego, co jest z Bożego Ducha. Głupstwem mu się to wydaje i nie może tego poznać, bo tylko duchem można to rozsądzić."

Bez działania oraz pomocy Ducha Świętego danego nam przez Boga, jakże mógłby ktoś w ciele ziemskim mówić na temat kwestii duchowych oraz rozumieć je?

Sam Bóg odkrył przed nami wiadomości na temat piekła i dlatego wiemy, że wszystko to jest prawdą. Kary w niebie są tak okrutne, że zamiast ukazywać je ze szczegółami, piszę jedynie o przykładach okrucieństwa. Ponadto, powinniśmy pamiętać, że wśród ludzi, którzy znajdą się w Niższym Grobie są również tacy, którzy byli wierni Bogu i lokalni.

Jeśli nie ma odpowiednich kwalifikacji, czyli jeśli przestaniesz się modlić i oczyszczać swoje serce, z pewnością szatan skusi cię, abyś sprzeciwił się Bogu i skończysz w piekle.

Modlę się w imieniu Jezusa, abyś dostrzegł, jak przerażające i okropne jest piekło, abyś pragnął doprowadzić wiele dusz do zbawienia, modlił się, pościł i gorliwie głosił ewangelię, oraz zawsze sprawdzał samego siebie, aby osiągnąć zbawienie.

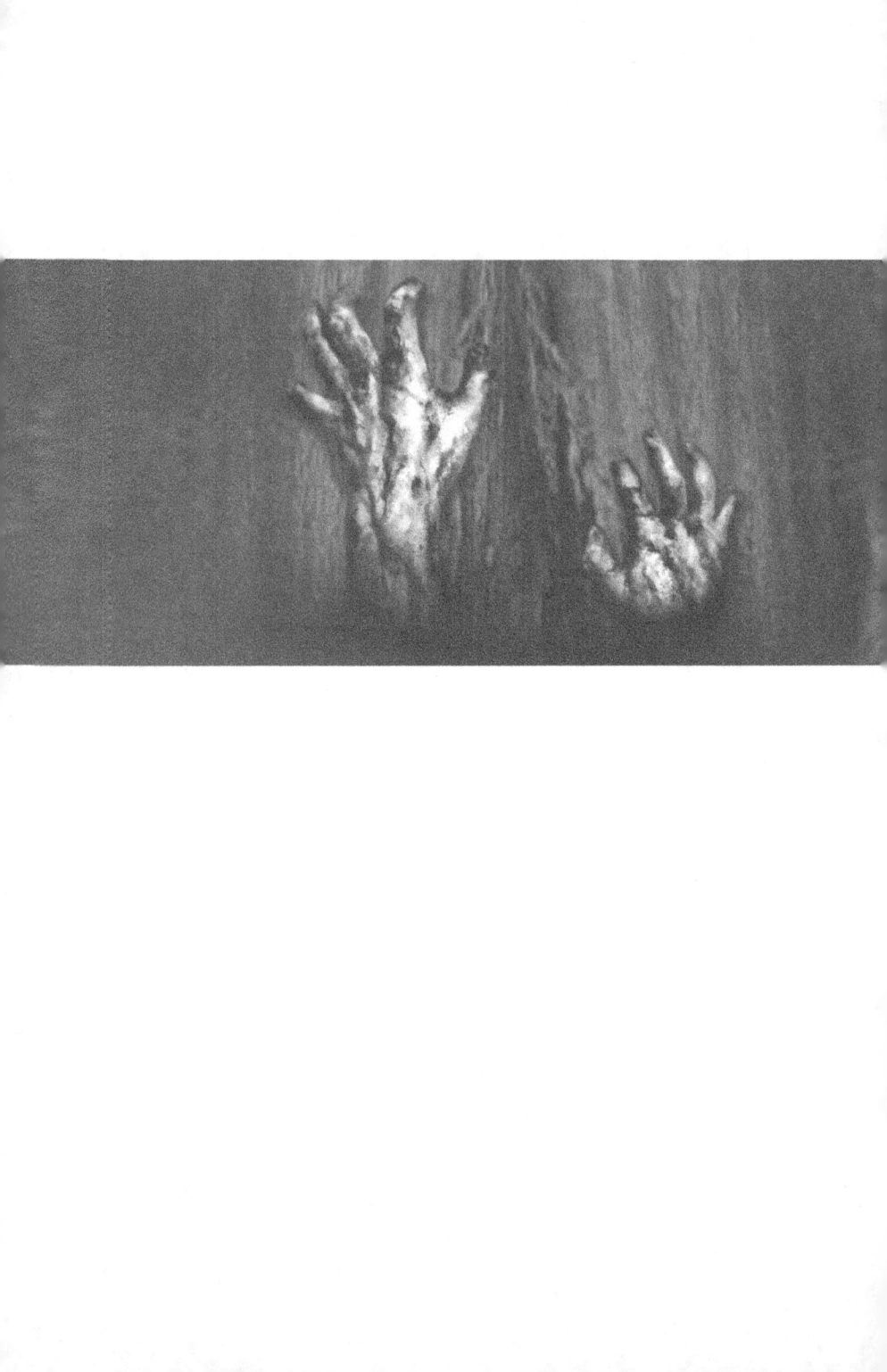

Rozdział 7

Zbawienie w okresie wielkich prześladowań

Przyjście Jezusa i porwanie zbawionych do nieba

Siedmioletnie prześladowania

Męczeństwo podczas wielkich prześladowań

Drugie przyjście Chrystusa oraz tysiąclecia

Przygotowanie, aby stać się oblubienicą Pana

„A ta Ewangelia o królestwie
będzie głoszona po całej ziemi,
na świadectwo wszystkim narodom. I wtedy nadejdzie
- Mateusza 24,14 -

„A inny anioł, trzeci, przyszedł w ślad za nimi, mówiąc donośnym
głosem: Jeśli kto wielbi Bestię, i obraz jej, i bierze sobie jej znamię
na czoło lub rękę, ten również będzie pić wino zapalczywości Boga,
przygotowane, nierozcieńczone, w kielichu Jego gniewu; i będzie
katowany ogniem i siarką wobec świętych aniołów i wobec Baranka.
A dym ich katuszy na wieki wieków się wznosi i nie mają spoczynku,
we dnie i w nocy czciciele Bestii i jej obrazu, i ten,
kto bierze znamię jej imienia."
- Apokalipsa 14,9-11 -

Zbawienie w okresie wielkich prześladowań

Kiedy zwracamy uwagę na bieg historii lub proroctwa Biblii, zdajemy sobie sprawę, że czas jest poważny, a przyjście Pana jest bliskie. W ostatnich latach, było wiele trzęsień ziemi oraz powodzi. Ich siła była podobna do siły klęsk żywiołowych, które zdarzają się raz na sto lat.

Ponadto, częste pożary lasów, huragany oraz tajfuny pozostawiały za sobą zniszczenia oraz ogromne straty. W Afryce oraz Azji wielu ludzi cierpiało lub zmarło z powodu suszy. Duża część świata doświadczyła nienormalnych zmian pogodowych spowodowanych zanikiem warstwy ozonowej, „El Niño", „La Niña" oraz wiele innych.

Co więcej, wydaje się, że na świecie bez końca toczą się wojny oraz nie ustają konflikty między państwami, stale mają miejsce ataki terrorystyczne czy też mamy do czynienia z innymi formami przemocy. Potworności, które przekraczają wszelkie zasady moralne człowieka są na porządku dziennym i ukazywane są przez media.

Taki fenomen został przepowiedziany przez Jezusa dwa tysiące lat temu, kiedy odpowiedział swoim uczniom na pytanie: *„Powiedz nam, kiedy to nastąpi i jaki będzie znak Twego przyjścia i końca świata?"* (Mat. 24,3)

Na przykład, ile prawdy zawierają w sobie poniższe wersety?

Powstanie bowiem naród przeciw narodowi i królestwo przeciw królestwu. Będzie głód i zaraza, a miejscami trzęsienia ziemi. Lecz to wszystko jest dopiero początkiem boleści (Mat. 24,7-8).

Dlatego, jeśli masz prawdziwą wiarę, powinieneś wiedzieć, że dzień, w którym powróci Jezus jest bardzo bliski oraz być przygotowanym tak jak pięć mądrych panien (Mat. 25,1-13). Uważaj, abyś nie został odtrącony tak, jak pozostałych pięć głupich panien, które nie miały dość oliwy w swoich lampach.

Przyjście Jezusa i porwanie zbawionych do nieba

Około dwa tysiące lat temu nasz Pan Jezus zmarł na krzyżu, powstał z martwych trzeciego dnia oraz wstąpił do nieba. W Dziejach Apostolskich 1,11 czytamy: *„I rzekli: Mężowie z Galilei, dlaczego stoicie i wpatrujecie się w niebo? Ten Jezus, wzięty od was do nieba, przyjdzie tak samo, jak widzieliście Go wstępującego do nieba."*

Jezus powróci na obłokach

Jezus Chrystus otworzył drzwi zbawienia, poszedł do nieba, siedzi po prawicy Ojca i przygotowuje dla nas miejsce. Zgodnie z wolą Bożą oraz kiedy miejsca dla nas zostaną przygotowane, Jezus powróci, aby zabrać nas do siebie tak, jak przepowiedziano w Ewangelii Jana 14,3: *„A gdy odejdę i przygotuję wam miejsce, przyjdę powtórnie i zabiorę was do siebie, abyście i wy byli tam, gdzie Ja jestem."*

Jak będzie wyglądało powtórne przyjście Jezusa?

W 1 Liście do Tesaloniczan 4,16-17 czytamy o tym, jak Jezus zejdzie z nieba na ziemię z niezliczonymi zastępami aniołów.

Sam bowiem Pan zstąpi z nieba na hasło i na głos archanioła, i na dźwięk trąby Bożej, a zmarli w Chrystusie powstaną pierwsi. Potem my, żywi i pozostawieni, wraz z nimi będziemy porwani w powietrze, na obłoki naprzeciw Pana, i w ten sposób zawsze będziemy z Panem.

Jakże wspaniały będzie powrót Jezusa otoczonego aniołami na obłokach. Wtedy, wszyscy zbawieni przez wiarę zostaną porwani w powietrze, aby wziąć udział w siedmioletnim przyjęciu weselnym.

Ci, którzy już nie żyją, lecz zostali zbawieni w Chrystusie zostaną wzbudzeni z martwych i porwani w powietrze, a za nimi ci, którzy doczekają żywo przyjścia Jezusa. Ich ciała zostaną przemienione w ciała bez skazy.

Porwanie w powietrze oraz siedmioletnie wesele

„Porwanie" jest wydarzeniem, podczas którego zbawieni zostaną uniesieni w powietrze. Gdzie powiedziane jest coś na temat „powietrza" w 1 Tes. 4?

W Liście do Efezjan 2,2 czytamy, że *„w których żyliście niegdyś według doczesnego sposobu tego świata, według* *sposobu Władcy mocarstwa powietrza, to jest ducha, który działa teraz w synach buntu,"* a „powietrze" oznacza tutaj miejsce, w którym złe duchy mają władzę.

Jednak to miejsce nie jest tym samym miejscem, gdzie odbędzie się siedmioletnie wesele. Bóg Ojciec przygotował szczególne miejsce na przyjęcie. Powodem, dla którego Biblia nazywa to miejsce „powietrzem" w taki sam sposób, jak miejsce, w którym przebywają złe duchy jest to, że oba miejsca są w tej samem przestrzeni.

Kiedy spoglądasz w niebo, być może trudno jest ci zrozumieć, gdzie znajduje się „powietrze," w którym spotkamy się z Jezusem oraz gdzie odbędzie się siedmioletnie wesele. Odpowiedzi na takie pytania możesz znaleźć w serii wykładów na temat genezy („Wkłady o Genezie") oraz w dwóch częściach pt. „Niebo." Zajrzyj do niniejszych dzieł, ponieważ bardzo ważne jest poprawne zrozumienie świata duchowego oraz wiara w Biblię.

Czy potrafisz sobie wyobrazić, jakże szczęśliwi będą ludzie wierzący, którzy przygotowywali się jako oblubienica, kiedy w końcu spotkają swojego oblubieńca oraz wezmą udział w weselu, które będzie trwało siedem lat?

Weselmy się i radujmy, i dajmy Mu chwałę, bo nadeszły Gody Baranka, a Jego Małżonka się przystroiła, i dano jej oblec bisior lśniący i czysty – bisior bowiem oznacza czyny sprawiedliwe świętych. I mówi mi: Napisz: Błogosławieni, którzy są wezwani na ucztę Godów Baranka! I mówi im: Te słowa prawdziwe są Boże (Ap. 19,7-9).

Z jednej strony, ludzie wierzący, które zostały porwane w powietrze otrzymają nagrodę za zwycięstwo nad światem. Natomiast z drugiej strony, ci, którzy nie zostali uniesieni w powietrze będą cierpieć niewyobrażalnie olbrzymi ból ze strony złych duchów, które zostały wygnane przez Jezusa na ziemię.

Siedmioletnie prześladowania

Podczas gdy ludzie wierzący, którzy zostali zbawieni będą cieszyć sie podczas uczty na siedmioletnim weselu w powietrzu z Jezusem Chrystusem, dzielić z Nim radość oraz planować szczęśliwą przyszłość, wszyscy ci, którzy pozostali na ziemi stawią czoła wielkim prześladowaniom oraz przerażającym i nieopisanym katastrofom, które dotkną rodzaj ludzki.

III Wojna Światowa oraz znamię bestii

Podczas wojny nuklearnej na skalę światową, która ma nadejść, III Wojny Światowej, 1/3 drzew na całej ziemi zostanie spalonych, a 1/3 ludzkości zginie. Podczas tej wojny trudno będzie oddychać powietrzem czy zdobyć czystą wodę z powodu olbrzymich zanieczyszczeń. Ceny jedzenia oraz koniecznych środków do życia skoczą wysoko w górę.

Znamię bestii „666" zostanie przedstawione i każdy będzie musiał je przyjąć na prawą rękę lub czoło. Jeśli ktoś odmówi przyjęcia znamienia, jego/jej tożsamość nie będzie potwierdzona i on/ona nie będzie w stanie przeprowadzić jakiejkolwiek transakcji czy zakupić koniecznych produktów.

I sprawia, że wszyscy: mali i wielcy, bogaci i biedni, wolni i niewolnicy otrzymują znamię na prawą rękę lub na czoło i że nikt nie może kupić ni sprzedać, kto nie ma znamienia – imienia Bestii lub liczby jej imienia. Tu jest [potrzebna] mądrość. Kto ma rozum, niech liczbę Bestii przeliczy: liczba ta bowiem człowieka. A liczba jego: sześćset sześćdziesiąt sześć (Ap. 13,16-18).

Wśród osób, które pozostaną na ziemi po przyjściu Jezusa oraz porwaniu zbawionych w powietrze są ludzie, którzy słyszeli ewangelię i chodzili do kościoła oraz przypomnieli sobie słowo Boga.

Są ludzie, którzy celowo porzucili swoją wiarę oraz tacy, którzy sądzili, że wierzą w Boga, a jednak zostali na ziemi. Gdyby wierzyli w słowo Biblii z całego serca, prowadziliby dobre życie w Chrystusie.

Zamiast tego, byli letni i mówili sobie: „Dowiem się, czy istnieje niebo i piekło dopiero po śmierci", dlatego nie mieli wiary, która wymagana jest, aby osiągnąć zbawienie.

Kary dla osób, które przyjęły znamię bestii

Takie osoby uświadomią sobie, że każde słowo w Biblii jest prawdziwe dopiero, kiedy będą świadkami porwania wierzących w powietrze. Będą rozgoryczeni i pełni żalu. Wystraszeni będą żałować tego, że nie żyli zgodnie z wolą Boga i będą desperacko szukać drogi do zbawienia. Co więcej, ponieważ wiedzą, że przyjęcie znamienia bestii poprowadzi ich do śmierci, zrobią wszystko, aby tego uniknąć. Nawet w taki sposób będą starali się udowodnić swoją wiarę.

A inny anioł, trzeci, przyszedł w ślad za nimi, mówiąc donośnym głosem: Jeśli kto wielbi Bestię, i obraz jej, i bierze sobie jej znamię na czoło lub rękę, ten również będzie pić wino zapalczywości Boga przygotowane, nie rozcieńczone, w kielichu Jego gniewu; i będzie katowany ogniem i siarką wobec świętych aniołów i wobec Baranka. A dym ich katuszy na wieki wieków się wznosi i nie mają spoczynku we dnie i w nocy czciciele Bestii i jej obrazu, i ten, kto bierze znamię jej imienia. Tu się okazuje wytrwałość świętych, tych, którzy strzegą przykazań Boga i wiary Jezusa (Apokalipsa 14,9-12).

Jednakże niełatwo jest odrzucić znamię bestii, szczególnie w świecie, w którym złe duchy mają całkowitą władzę nad wszystkim. Tym samym, złe duchy również wiedzą, że ci ludzie otrzymają zbawienie, jeśli odmówią przyjęcia znamienia bestii i umrą jako męczennicy. Dlatego, złe duchy nie poddadzą się zbyt łatwo.

W czasach kościoła wczesnochrześcijańskiego dwa tysiące lat temu wiele władz rządowych prześladowało chrześcijan poprzez ukrzyżowanie, ścięcie oraz rzucenie ich na ofiarę lwom. Jeśli ktoś był prześladowany oraz zabity w taki sposób w tamtych czasach, w czasach wielkich prześladowań niezliczone rzesze ludzi będą zabijane bardzo szybko. Jednakże, złe duchy nie zawsze szybko pozbawią ludzi życia. Złe duchy będą zmuszać ludzi do wyparcia się Jezusa w jakikolwiek możliwy sposób. Jednak nie oznacza to, że ludzie mogą popełnić samobójstwo, aby uniknąć prześladowań, ponieważ samobójstwo prowadzi do piekła.

Ludzie, którzy staną się męczennikami

Wspomniałem już o pewnych okrutnych metodach tortur stosowanych przez złe duchy. W czasie Wielkich Prześladowań, stosowane metody tortur przekroczą wszelkie wyobrażenie. Co więcej, ponieważ tortury są nie do wytrzymania, jedynie niewielka ludzi zdobędzie zbawienie w tym czasie.

Dlatego, wszyscy musimy być duchowo przygotowani w każdej chwili oraz musimy posiadać taki rodzaj wiary, który przy powtórnym przyjściu Jezusa pozwoli nam unieść się w górę.

Kiedy się modliłem, Bóg pokazał mi wizję, w której ludzie pozostali na ziemi, by być poddanymi wielu rodzajom tortur. Widziałem, że większość ludzi nie mogła znieść tortur i w końcu ulegają złym duchom.

Różnorodne tortury zaczynają się od obdzierania ludzi ze skóry, łamania stawów, odcinania palców i wylewania gorącej oliwy. Niektórzy ludzie, którzy potrafią znieść tortury nie mogą znieść, kiedy patrzą na swoich rodziców czy dzieci, którzy cierpią, więc ulegają i zgadzają się na znamię 666.

Jest jednak niewielka liczba ludzi sprawiedliwych, którzy pokonają pokusy i prześladowania. Ci ludzie otrzymają zbawienie. Mimo że jest to wstydliwe zbawienie i wejdą jedynie do Raju, są wdzięczni i zadowoleni, że nie trafili do piekła.

Dlatego mamy obowiązek głosić poselstwo o piekle po całym świecie. Nawet jeśli wydaje się, że ludzie nie zwracają na to uwagi, jeśli przypomną sobie w okresie Wielkich Prześladowań, wskaże im to drogę do zbawienia.

Niektórzy ludzie mówią, że umrą śmiercią męczeńską, aby otrzymać zbawienie, jednak kiedy przyjdzie Jezus, zostawi ich na ziemi.

Jednakże, skoro nie mieli wiary w czasach spokoju, jakże mogliby zachować wiarę w okresie okrutnych prześladowań? Nie możemy przewidzieć, co stanie się z nami w ciągu najbliższych dziesięciu minut. Gdyby zmarli wcześniej, mając możliwość śmierci męczeńskiej, czeka na nich tylko piekło.

Męczeństwo podczas wielkich prześladowań

Aby pomóc ci zrozumieć tortury Wielkich Prześladowań oraz umożliwić ci to, abyś był duchowo czujny, aby ich uniknąć, pozwólcie że wyjaśnię przykład duszy.

Skoro ta kobieta dostąpiła Bożej niezwykłej łaski, mogła widzieć i słyszeć świetne, chwalebne oraz ukryte rzeczy o Bogu. A jednak jej serce było pełne zła, a ona miała mało wiary. Dzięki takim darom od Boga, wypełniała ważne obowiązki, odgrywała kluczową rolę w poszerzaniu Bożego Królestwa, i wypełniała dobre uczynki, które cieszyły Boga. Łatwo jest ludziom założyć, że „ci ludzie, którzy mają ważne obowiązki w kościele muszą być ludźmi wiary."

A jednak niekoniecznie jest to prawda. Z Bożej perspektywy jest wiele ludzi wierzących, których wiara w rzeczywistości wcale nie jest „wielka." Bóg nie mirzy wiary cielesnej, lecz wiarę duchową.

Bóg pragnie duchowej wiary

Przyjrzyjmy się pobieżnie konceptowi „wiary duchowej" na przykładzie wyjścia narodu izraelskiego z Egiptu. Izraelici doświadczyli i byli świadkami działania Bożego w postaci dziesięciu plag egipskich. Widzieli, jak rozstąpiło się Morze Czerwone, a faraon i jego armia zatonęli. Doświadczyli Bożej ochrony w postaci obłoku w dzień oraz słupa ognia w nocy. Każdego dnia spożywali mannę z nieba, słyszeli głos Boży i widzieli dzieła Jego mocy. Pili wodę ze skały po tym, jak Mojżesz uderzył w skałę swoją laską oraz byli świadkami tego, jak gorzka woda w Mara zmieniła się w słodką. Mimo, że byli świadkami oraz doświadczali działania oraz znaków żywego Boga, ich wiara nie przynosiła Bogu chwały i radości. Dlatego ostatecznie nie mogli wejść do Ziemi Obiecanej w Kanaanie (Ks. Liczb 20,12).

Z jednej strony, wiara, która nie ma uczynków, bez względu na to, jak dobrze dany człowiek zna Boże słowo oraz doświadcza Jego działania oraz cudów, nie jest prawdziwą wiarą. Z drugiej strony, jeśli posiadamy wiarę duchową, nie przestaniemy uczyć się o Bogu, będziemy posłuszni Jego słowu, oczyścimy nasze serca oraz będziemy unikać zła. O tym, czy posiadamy wielką czy małą wiarę świadczy to, do jakiego stopnia przestrzegamy Bożego słowa, zachowujemy się oraz żyjemy zgodnie z nim i odzwierciadlamy charakter Boga.

Nieposłuszeństwo powtarzane w arogancji

Pod tym względem, pewna kobieta miała słabą wiarę. Próbowała oczyścić swoje serce, jednak nie potrafiła całkowicie wyzbyć się zła. Ponadto, ponieważ głosiła słowo Boże, stawała się coraz bardziej arogancka.

Kobieta myślała, że ma prawdziwą i wielką wiarę. Jej myślenie posunęło się tak daleko, że uważała, iż wola Boża nie mogła być realizowana bez jej obecności i pomocy. Coraz bardziej zamiast oddawać chwałę Bogu za dary, które od Niego otrzymała, chciała, aby wszelkie zasługi były jej przypisywane. Co więcej, używała Bożą własność, aby zaspokajać pragnienia swojej grzesznej natury.

Często zdarzało się jej nieposłuszeństwo wobec Boga. Nawet, kiedy wiedziała, że wolą Bożą dla niej było to, aby udała się na wschód, zmierzała na zachód. Tak, jak Bóg porzucił króla Saula, pierwszego króla Izraela, z powodu jego nieposłuszeństwa (1 Sam. 15,22-23), nawet jeśli pewne osoby służyły Bogu i były Jego narzędziami, by spełniać Jego wolę i pracować dla Jego królestwa, powtarzające się nieposłuszeństwo spowoduje, że Bóg odwróci od nich swoją twarz.

Ponieważ ta kobieta znała Boże słowo, była świadoma swoich grzechów i żałowała za nie. Jednakże, jej modlitwy były jedynie słowami, a nie wypływały ze szczerego serca. Ciągle powtarzała ten sam grzech, budując coraz wyższy mur grzechu między sobą i Bogiem.

W 2 Piotra 2,22 czytamy: „*Spełniło się na nich to, o czym słusznie mówi przysłowie: Pies powrócił do tego, co sam zwymiotował, a świnia umyta – do kałuży błota.*" Po tym, jak żałowała za swoje grzechy, popełniała je kolejny i kolejny raz.

W końcu, ponieważ wpadła w pułapkę swojej arogancji, gniewu i grzechu, Bóg odwrócił od niej swoją twarz, a ona stała się narzędziem szatana, sprzeciwiając się Bogu.

Ostateczna możliwość do wyrażenia skruchy

Ogólnie, ludzie, którzy przemawiają przeciwko Duchowi Świętemu, sprzeciwiają Mu się lub bluźnią nie mogą dostąpić przebaczenia. Nigdy więcej nie otrzymają możliwości skruchy i skończą w Niższym Grobie.

A jednak, istnieje pewna różnica w przypadku wspomnianej wyżej kobiety. Pomimo wszystkich jej grzechów i zła, które zasmucało Boga, Bóg pozostawił jej możliwość skruchy, ponieważ była kiedyś wartościowym narzędziem w rękach Boga. Mimo, że kobieta zaniedbała swój obowiązek, otrzyma jeszcze jedną szansę na nawrócenie, ponieważ wcześniej przynosiła Bogu chwałę.

Nadal sprzeciwia się Bogu i Duch Święty opuszcza ją. Jednakże, dzięki Bożej szczególnej łasce, kobieta ma ostateczną możliwość żałować za grzech i uzyskać zbawienie w okresie Wielkich Prześladowań poprzez męczeństwo.

Jej myśli są uwięzione pod kontrolą szatana, jednak po porwaniu wiernych w powietrze, kobieta zacznie rozumieć swój błąd. Ponieważ dobrze zna słowo Boże, jest świadoma ścieżki przed sobą. Kiedy uświadomi sobie, że jej jedyną możliwością na osiągnięcie zbawienia jest męczeństwo, będzie gorliwie żałować, będzie trzymać się z pozostałymi chrześcijanami, wielbić, chwalić Boga i modlić się, przygotowując się na męczeństwo.

Śmierć męczeńska oraz wstydliwe zbawienie

Kiedy nadejdzie czas, odrzuci znamię 666 i zostanie zabrana przez ludzie kontrolowanych przez szatana, aby ją torturowali. Będą obdzierali ją ze skóry oraz będą parzyć jej ciało. Metody tortur będą okrutne, a tortury będą długie i bolesne. Pomieszczenie tortur szybko wypełni się smrodem palonej skóry, jej ciało zanurzone będzie w krwi od stóp do głów, jej głowa będzie zwisać w dół, a całe jej ciało będzie posiniaczone.

Jeśli będzie w stanie znieść takie prześladowania, pomimo grzechu i zła, otrzyma zbawienie i wejdzie do Raju. W Raju, który jest na obrzeżach nieba najdalej oddalony od Tronu Boga, kobieta będzie lamentować i płakać z powodu swojego złego życia. Oczywiście, będzie wdzięczna i radosna za to, że otrzymała zbawienie. Przed wieki będzie żałować za swoje grzechy i tęsknić za Nowym Jeruzalem, mówiąc: „Gdybym tylko porzuciła zło i wypełniała obowiązki w szczerości, byłabym w lepszym miejscu w niebie, w Nowym Jeruzalem." Kiedy spotyka ludzi, którzy mieszkają w Nowym Jeruzalem, czuje wstyd.

Jeśli przyjmie znak 666

Jeśli nie wytrzyma prześladowań i przyjmie znamię bestii,

przed okresem tysiąclecia zostanie wrzucona do Niższego Grobu i ukarana poprzez ukrzyżowanie na krzyżu po prawej stronie Judasza. Jej kary w Niższym Grobie będą takie same jak kary, które otrzymała podczas Wielkich Prześladowań. Przez ponad tysiąc lat, będą obdzierać ją ze skóry oraz parzyć w najdelikatniejszych częściach ciała.

Posłańcy piekła oraz ludzie, którzy postępowali źle przez całe życie będą ją torturować. Sami również będą karani za wszelkie złe uczynki, dlatego w gniewie i bólu będą odgrywać się na niej.

W taki sposób potępieni będą karani w Niższym Grobie aż do końca okresu tysiąclecia. Po Dniu Sądu, potępieni pójdą do piekła, płonącego ogniem i siarką, gdzie czekają na nich jeszcze sroższe kary.

Drugie przyjście Chrystusa oraz tysiąclecia

Jak wspomniano powyżej, Jezus powróci w powietrzu, a ci, którzy zostaną z Nim uniesieni w górę będą radować się podczas siedmioletniego wesela, podczas gdy na ziemi będą miały miejsce wielkie prześladowania.

Wtedy, Jezus powróci na ziemię i rozpocznie się okres tysiąclecia. Złe duchy zostaną zamknięte w otchłani. Ci, którzy będą brali udział w siedmioletnim weselu oraz ci, którzy zginęli śmiercią męczeńską w okresie wielkich prześladowań będą rządzić ziemią oraz dzielić się miłością Chrystusa przez tysiąc lat.

Błogosławiony i święty, kto ma udział w pierwszym

zmartwychwstaniu: nad tymi nie ma władzy śmierć druga, lecz będą kapłanami Boga i Chrystusa i będą z Nim królować tysiąc lat (Ap. 20, 6).

Niewielka liczba ludzi, którzy przetrwają wielkie prześladowania będzie również żyć na ziemi w okresie tysiąclecia. Jednakże, ci, którzy umarli, nie otrzymawszy zbawienia zostaną ukarani w Niższym Grobie.

Tysiącletnie królestwo

Kiedy nadejdzie okres tysiąclecia, ludzie będą radować się spokojnym życiem tak, jak podczas dni w Ogrodzie Eden, ponieważ nie będzie już złych duchów. Jezus oraz zbawieni, istoty duchowe będą mieszkać w mieście przypominającym zamki królewskie z dala od istot ludzkich. Istoty duchowe będą mieszkać w mieście, a istoty ludzkie, które przetrwają wielkie prześladowania będą mieszkać poza miastem.

Przed okresem tysiąclecia, Jezus oczyści ziemię. Oczyści zanieczyszczone powietrze oraz odnowi drzewa, rośliny, góry i strumienie. Stworzy przepiękne środowisko.

Istoty cielesne będą starały się rozmnożyć, ponieważ pozostało ich na ziemi tak niewiele. Nie ma już na ziemi zanieczyszczonego powietrza, ani złych duchów, więc nie ma już chorób ani zła. Niesprawiedliwość oraz zło w sercu ludzkim znikną, ponieważ złe duchy, które namawiają do złego są zamknięte w otchłani.

Podobnie jak w czasach Noego, ludzie będą żyć przez setki

lat. Ziemia wypełni się ludźmi, którzy nie będą jeść mięsa, lecz owoce, ponieważ na ziemi nie będzie już śmierci i zniszczenia.

Co więcej, długi czas zajmie ludziom osiągnięcie takiego poziomu postępu naukowego, jaki mamy obecnie, ponieważ cywilizacja zostanie zniszczona podczas wojen w okresie wielkich prześladowań. Z upływem czasu, poziom cywilizacji osiągnie poziom dzisiejszy, ponieważ mądrość i wiedza ludzka będą wzrastać.

Istoty duchowe oraz istoty cielesne zamieszkają razem

Istoty duchowe nie mają potrzeby jedzenia tak, jak istoty cielesne, ponieważ ich ciała zostały przemienione w zmartwychwstałe duchowe ciała. Zazwyczaj sycą się aromatem kwiatów, jednak jeśli mają ochotę mogą spożywać to samo, co istoty cielesne. Jednakże, istoty duchowe nie odnajdują przyjemności w spożywaniu pokarmów fizycznych, i nawet jeśli go jedzą, nie wypróżniają się tak, jak ludzie na ziemi. Podobnie jak Jezus odetchnął, kiedy zjadł kawałek ryby, pokarm, który będą spożywać istoty duchowe zostanie wypróżniony w postaci powietrza.

Istoty duchowe głoszą oraz składają świadectwo i Jezusie istotom ludzkim, aby na koniec okresu tysiąclecia, kiedy złe duchy zostaną na krótki czas uwolnione z otchłani, istoty cielesne nie były kuszone. Jest to czas przed Dniem Sądu, więc Bóg nie unicestwił na stałe złych duchów w otchłani, jednak zamknął je tam jedynie na okres tysiąca lat (Ap. 20,3).

Na koniec okresu tysiąclecia

Kiedy zakończy się okres tysiąclecia, złe duchy, który były zamknięte w otchłani przez tysiąc lat, zostaną uwolnione na krótki czas. Zaczną kusić i zwodzić ludzi, którzy żyli w pokoju. Większość ludzie zostanie zwiedzionych bez względu na to, jak wiele nauczyły ich istoty duchowe. Pomimo, że istoty duchowe ostrzegały o rzeczach, które nadejdą, istoty ludzkie zostaną zwiedzione i sprzeciwią się Bogu oraz będą walczyć z istotami duchowymi.

A gdy się skończy tysiąc lat, z więzienia swego szatan zostanie zwolniony. I wyjdzie, by omamić narody z czterech narożników ziemi, Goga i Magoga, by ich zgromadzić na bój, a liczba ich jak piasek morski. Wyszli oni na powierzchnię ziemi i otoczyli obóz świętych i miasto umiłowane; a zstąpił ogień od Boga z nieba i pochłonął ich (Ap. 20,7-9).

Jednakże, Bóg zniszczy ogniem istoty ludzkie, które staną do wojny i wrzuci złe duchy, które zostały na krótko uwolnione z powrotem do otchłani po Dniu Sądu.

W końcu, istoty ludzkie, które rozmnożą się w okresie tysiąclecia zostaną osądzone zgodnie ze sprawiedliwością Bożą. Z jednej strony, wszyscy ludzie, którzy nie otrzymają zbawienia – wśród nich ci, którzy przetrwali okres siedmiu lat wielkich prześladowań – zostaną wygnani do piekła. Z drugiej strony, ci, którzy zostali zbawieni wejdą do nieba i zgodnie ze swoją wiarą zamieszkają w różnych miejscach nieba, w Nowym Jeruzalem, Raju, itp.

Po Dniu Sądu Ostatecznego, świat duchowy podzieli się na niebo i piekło. Więcej na ten temat znajdziecie w kolejnym rozdziale.

Przygotowanie, aby stać się oblubienicą Pana

Aby uniknąć wielkich prześladowań, musisz przygotować się jako piękna Oblubienica Jezusa i powitać Go, kiedy przyjdzie na ziemię.

W Mat. 25,1-13 czytamy przypowieść o dziesięciu pannach, która jest wspaniałą lekcją dla wierzących. Nawet jeśli wyznajesz wiarę w Boga, nie będzie mógł przywitać Oblubieńca, jeśli nie ma oleju w swojej lampie. Pięć panien przygotowało olej i mogło powitać Oblubieńca oraz wejść na wesele. Pozostałe pięć panien nie było przygotowanych, dlatego nie weszły na przyjęcie weselne.

Jak, w takim razie, możemy przygotować się jak pięć mądrych panien, aby stać się Oblubienicą Pana oraz uniknąć wielkich prześladowań, lecz wziąć udział w przyjęciu weselnym?

Gorliwa modlitwa i czujność

Nawet jeśli jesteś nowo-nawrócony i twoja wiara jest jeszcze słaba, jeśli starasz się i oczyszczasz swoje serce, Bóg będzie z tobą podczas najtrudniejszych prób. Bez względu na to, jak trudne są

Zbawienie w okresie wielkich prześladowań

okoliczności, Bóg podaruje ci kamizelkę ratunkową i pomoże zwyciężyć wszelkie próby bez problemu.

Jednakże Bóg nie może ochronić nawet tych, którzy wierzyli przez długi czas, wypełniali Boże obowiązki i znają słowo Boże w dużym stopniu, jeśli zaprzestali modlitwy, oczyszczenia oraz uświęcenia.

Kiedy stawiamy czoła przeciwnościom, musimy być w stanie odróżnić głos Ducha Świętego, by je pokonać. Jeśli się nie modlimy, jakże możemy usłyszeć głos Ducha Świętego i prowadzić zwycięskie życie? Jeśli nie jesteśmy wypełnieni Duchem Świętym, polegamy na własnych myślach, upadamy i jesteśmy kuszeni przez szatana.

Ponadto, teraz kiedy zbliżamy się do końca czasów, złe duchy chodzą wokoło jak ryczące lwy, szukając kogo by pochłonąć, ponieważ ich koniec jest bliski. Często możemy zaobserwować leniwego studenta, który nie śpi po nocach, nadrabiając straty w nauce do egzaminów. Podobnie, jeśli jesteś człowiekiem wierzącym, który jest świadomy, że żyjemy w czasach ostatecznych, musisz być czujny i przygotowany jak piękna Oblubienica Pana.

Porzuć zło i upodobnij sie do Pana

Jacy ludzie zachowują czujność? Zawsze się modlą, są pełni Ducha Świętego, wierzą w Słowo Boga i żyją zgodnie z nim.

Jeśli zawsze jesteś czujny, zawsze będzie komunikować się z Bogiem, aby nie być kuszonym przez złe duchy. Ponadto, może łatwo przezwyciężyć próby, ponieważ Duch Święty sprawia, że jesteś świadomy rzeczy, które się wydarzą, prowadzi cię odpowiednią ścieżką i uświadamia ci słowo prawdy.

Ci, którzy nie są czujni, nie słyszą głosu Ducha Świętego, więc szatan może ich łatwo skusić, aby podążali ścieżką śmierci. Czujność oznacza czyste serce, zachowanie oraz życie zgodne ze słowem Bożym i uświęcenie.

Księga Apokalipsy 22,14 mówi nam: *„Błogosławieni, którzy piorą swe szaty, aby władza nad drzewem życia do nich należała i aby bramami wchodzili do Miasta."* W tym fragmencie szaty oznaczają formalny ubiór. W duchowym sensie, szaty odnoszą się do twojego serca i zachowania. Wypranie swoich szat symbolizuje odrzucenie zła oraz postępowanie zgodnie ze słowem Bożym, aby duchowo stać się podobnym do Jezusa. Ludzie, którzy są uświęceni w taki sposób zasługują na to, aby przejść przez bramy nieba i cieszyć się życiem wiecznym.

Ludzie, którzy w wierze piorą swoje szaty

W jaki sposób możemy dokładnie wyprać swoje szaty? Po pierwsze musimy oczyścić swoje serca słowem prawdy i modlitwą. Innymi słowy, musimy odrzucić fałsz i zło z serca i wypełnić je prawdą. Tak, jak oczyszczamy się brudu za pomocą czystej wody, tak powinniśmy oczyścić się z grzechu, nieprawości i zła za pomocą słowa Bożego, wody życia oraz założyć szaty prawości i odzwierciedlać charakter Jezusa. Bóg pobłogosławi każdego, kto wyda owoce wiary i oczyści swoje serce.

W Apokalipsie 3,5 czytamy *„Tak szaty białe przywdzieje zwycięzca, i z księgi życia imienia jego nie wymażę. I wyznam* *imię jego przed moim Ojcem i Jego aniołami."* Ludzie, którzy dzięki wierze zwyciężają świat i chodzą w prawdzie będą cieszyć się wiecznym życiem w niebie, ponieważ posiadają serce pełne prawdy i nie ma w nich zła.

Natomiast ludzie, którzy żyją w ciemności nie mają nic wspólnego z Bogiem bez względu na to, jak długo byli chrześcijanami, ponieważ z pewnością mają imię, że żyją, lecz są umarli (Ap. 3,1). Dlatego, zawsze pokładajmy nadzieję jedynie w Bogu, który nie osądza nas po wyglądzie, lecz bada nasze serca i uczynki. Ponadto, zawsze módlmy się i bądźmy posłuszni słowu Boga, abyśmy mogli uzyskać zbawienie.

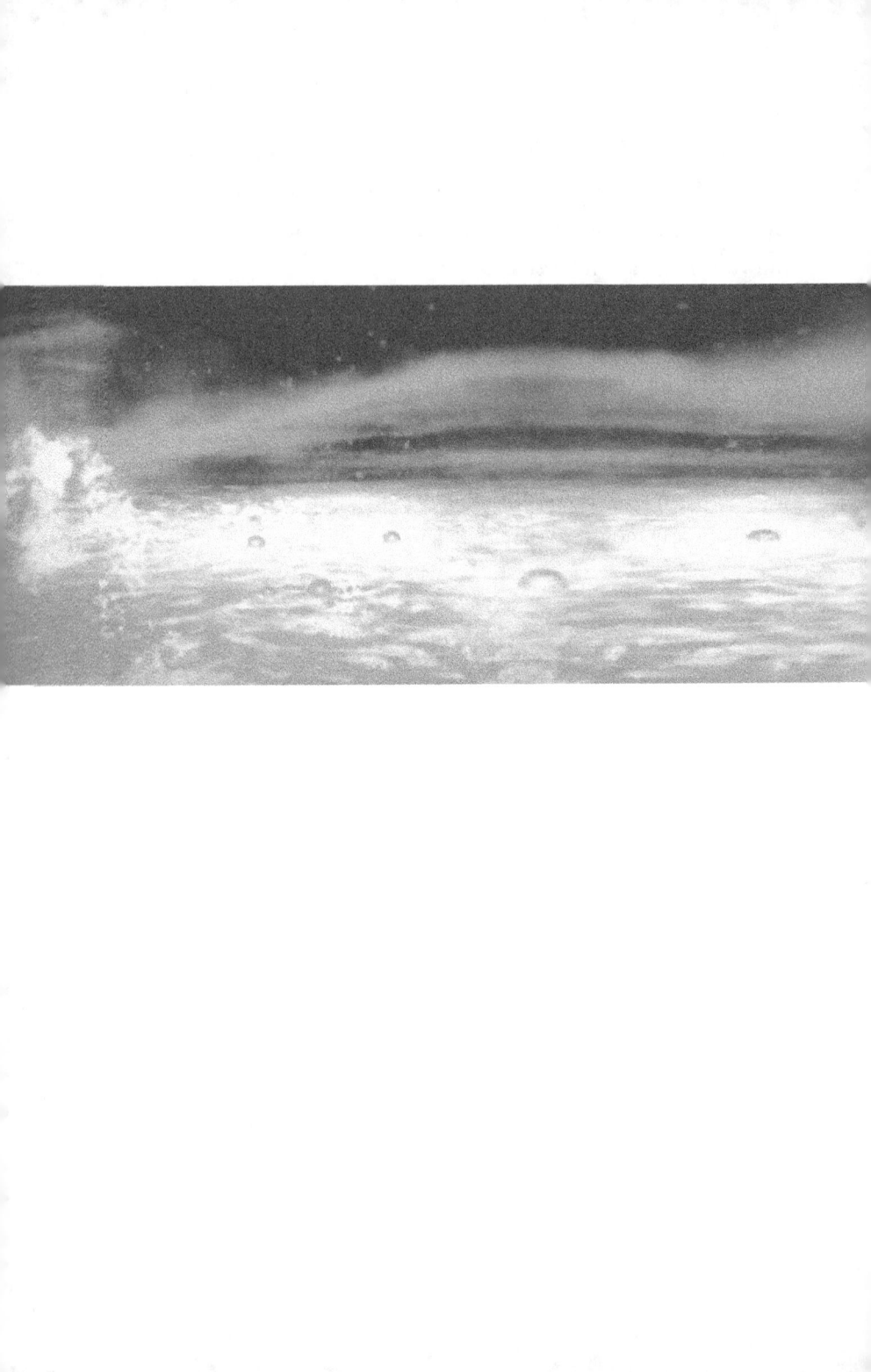

Rozdział 8

Kary w piekle po Dniu Sądu

Potępieni zostaną wrzuceni do piekła po dniu sądu

Jezioro ognia i siarki

Niektórzy pozostają w Niższym Grobie aż do dnia sądu

Złe duchy wrzucone do otchłani

Gdzie skończą demony?

„...gdzie robak ich nie umiera i ogień nie gaśnie.
Bo każdy ogniem będzie posolony."
- Marka 9,48-49 -

„I upadłem przed jego stopami, by oddać mu pokłon.
I mówi: Bacz, abyś tego nie czynił,
bo jestem twoim współsługą i braci twoich,
co mają świadectwo Jezusa: Bogu samemu złóż pokłon!
Świadectwem bowiem Jezusa jest duch proroctwa."
- Apokalipsa 20,10 -

Kary w piekle po Dniu Sądu

W chwili powtórnego przyjścia Jezusa rozpocznie się okres tysiąclecia na ziemi, a po nim nastąpi Dzień Sądu. Podczas sądu, który określi, czy znajdziemy się w piekle czy niebie, oraz zdecyduje o naszych karach i nagrodach, osądzony zostanie każdy zgodnie ze swoimi uczynkami w życiu. Dlatego, niektórzy będą cieszyć się życiem wiecznym w niebie, a inni będą karani w piekle. Zastanówmy się nad Dniem Sądu, podczas którego podjęta zostanie decyzja, czy trafimy do nieba czy do piekła, oraz nad tym, jakiego rodzaju miejscem jest piekło.

Potępieni zostaną wrzuceni do piekła po dniu sądu

W lipcu 1982 roku kiedy modliłem się, przygotowując się do podjęcia mojej służby, dowiedziałem się wiele na temat Dnia Sądu. Bóg pokazał mi scenę, kiedy siedzi na tronie, Jezus i Mojżesz stoją przed tronem, wraz z tymi, którzy pełnią funkcję ławy przysięgłych. Mimo, że Bóg sądzi sprawiedliwie, będzie podejmować decyzje wraz z Jezusem jako obrońcą miłości oraz Mojżeszem jako prokuratorem prawa oraz innymi osobami jako członkami ławy przysięgłych.

Kary, które zostaną zastosowane w piekle przyznane są w czasie Sądu

W Apokalipsie 20,11-15 czytamy o tym, jak sprawiedliwe sądzi Bóg. Sąd przeprowadzony jest na podstawie Księgi

Żywota, w której wypisane są imiona zbawionych oraz ich uczynki.

Potem ujrzałem wielki biały tron i na nim Zasiadającego, od którego oblicza uciekła ziemia i niebo, a miejsca dla nich nie znaleziono. I ujrzałem umarłych – wielkich i małych – stojących przed tronem, a otwarto księgi. I inną księgę otwarto, która jest księgą życia. I osądzono zmarłych z tego, co w księgach zapisano, według ich czynów. I morze wydało zmarłych, co w nim byli, i Śmierć, i Otchłań wydały zmarłych, co w nich byli, i każdy został osądzony według swoich czynów. A Śmierć i Otchłań wrzucono do jeziora ognia. To jest śmierć druga – jezioro ognia. Jeśli się ktoś nie znalazł zapisany w księdze życia, został wrzucony do jeziora ognia.

Umarli odnoszą się do ludzi, którzy nie przyjęli Jezusa jako swojego Zbawiciela lub ich wiara była martwa. Kiedy nadejdzie odpowiednia chwila, umarli zostaną zmartwychwzbudzeni i staną przed tronem Boga, by zostać osądzonymi. Księga Żywota leży otwarta przed tronem Boga.

Obok Księgi Żywota, w której zapisane są imiona zbawionych, znajdują się inne księgi, w których zapisane są uczynki. Aniołowie zapisują wszystko, co robimy, mówimy i myślimy, np. przekleństwa, bicie, gniew, czynienie dobra, itd. Tak, jak my dzięki kamerze wideo lub aparatowi możemy nagrać wydarzenia czy rozmowy różnego typu, tak Bóg wszechmogący zachowuje sceny z życia ludzkiego na ziemi.

Dlatego, Bóg osądzi w sprawiedliwości w Dniu Sądu zgodnie z zapiskami w księgach. Ci, którzy nie zostaną zbawieni zostaną osądzeni zgodnie z ich złymi uczynkami i otrzymają kary zgodnie z ciężkością ich grzechów – będą na wieki karani w piekle.

Jezioro ognia i płonącej siarki

Fragment „morze wydało umarłych, którzy w nim byli" nie oznacza, że morze wydało tych, którzy utonęli. Morze w sensie duchowym odnosi się do tego świata. Oznacza, że ci, którzy żyli na świecie i stali się prochem powstaną z martwych przed Dniem Sądu, aby stanąć przed Bogiem.

Co oznaczają słowa „Śmierć i Hades wydali umarłych, którzy w nich byli?" Oznacza to, że ci, którzy cierpieli w Niższym Grobie, który określany jest mianem Hadesu, również powstaną z martwych i staną na sąd przed Bogiem. Po tym, jak Bóg osądzi ich, większość z tych, którzy cierpieli w Niższym Grobie zostanie wrzuconych do jeziora ognia i płonącej siarki zgodnie z ich grzechami ponieważ, jak wspomniano wcześniej, kary z Niższym Grobie wymierzane są aż do Dnia Sądu.

A dla tchórzów, niewiernych, obmierzłych, zabójców, rozpustników, guślarzy, bałwochwalców i wszelakich kłamców: udział w jeziorze gorejącym ogniem i siarką. To jest śmierć druga (Apokalipsa 21,8).

Kar w jeziorze ognia nie można porównać do kar w Niższym Grobie. W Ewangelii Marka 9,47-49 napisano: *"Jeśli twoje oko jest dla ciebie powodem grzechu, wyłup je; lepiej jest dla ciebie jednookim wejść do królestwa Bożego, niż z dwojgiem oczu być wrzuconym do piekła, gdzie robak ich nie umiera i ogień nie gaśnie. Bo każdy ogniem będzie posolony."* Co więcej, jezioro płonącej siarki jest siedem razy gorętsze niż jezioro ognia.

Do Dnia Sądu ciała ludzi rozdzierane są przez insekty oraz bestie, torturowane przez posłańców piekła. Potępieni cierpią z powodu kar wymierzanych w Niższym Grobie, który jest przedsionkiem piekła. Po Dniu Sądu jedynie ból w jeziorze ognia oraz płonącej siarki pozostanie na wieki.

Agonia w jeziorze ognia oraz płonącej siarki

Kiedy głosiłem poselstwo na temat okropnych widoków w Niższym Grobie, wielu członków mojego kościoła nie było w stanie powstrzymać łez i rozpaczało z powodu tego okrutnego miejsca. Jednakże, cierpienie z powodu kar w jeziorze ognia lub płonącej siarki jest o wiele gorsze niż kary w Niższym Grobie. Czy potrafisz sobie wyobrazić ogrom prześladowań? Nawet jeśli spróbujemy, możemy to uczynić jedynie do pewnego stopnia, ponieważ jako ludzie w ograniczony sposób rozumiemy koncepty duchowe.

Podobnie, jakże możemy w pełni zrozumieć chwałę i piękno nieba? Słowo „wieczność" nie jest czymś, co potrafilibyśmy w pełni ogarnąć i zrozumieć. Nawet jeśli spróbujemy wyobrazić sobie życie w niebie w oparciu o radość, szczęście, zauroczenie, piękno i tym podobne, nie da się tego porównać z tym, czego doświadczamy w codziennym życiu. Kiedy znajdziemy się w niebie, ujrzymy wszystko na własne oczy i doświadczymy, szczęka nam opadnie i nie będziemy w stanie wymówić słowa. Jeśli nie doświadczymy rzeczywistych prześladowań w piekle, nigdy nie będziemy w stanie wyobrazić sobie ogromu cierpienia, które przechodzi wszelkie granice.

Ci, którzy zostaną wrzuceni do Jeziora ognia i siarki

Mimo, że będę się starał, proszę wziąć pod uwagę, że piekło nie jest miejscem, które można w odpowiedni sposób opisać słowami tego świata, a nawet jeśli uda mi się wyjaśnić najlepiej jak mogę, mój opis będzie jedną milionową okrutności i obrzydliwości piekła. CO więcej, jeśli wezmą pod uwagę, że długość prześladowań jest nieograniczona i trwa na wieki, potępione dusze będą cierpieć jeszcze bardziej.

Po Dniu Sądu ci, którzy otrzymają pierwszy i drugi rodzaj kary w Niższym Grobie będą wrzuceni do jeziora ognia. Ci, którzy otrzymają trzeci i czwarty rodzaj kary zostaną wrzuceni do jeziora płonącej siarki. Dusze w Niższym Grobie wiedzą, że nadejdzie Dzień Sądu i są świadome tego, gdzie trafią, kiedy sąd się zakończy. Nawet, kiedy ich ciała rozdarte są na kawałki przez insekty i posłańców piekła, potępieni mają przed oczyma jezioro siarki w piekle i są świadomi kar, które tam na nich czekają.

Dlatego dusze potępione w Niższym Grobie nie tylko cierpią

z powodu doznawanego bólu, ale również z powodu prześladowań psychicznych w postaci strachu przed tym, co ich czeka po Dniu Sądu.

Krzyk lament dochodzący z Niższego Grobu

Kiedy modliłem się o objawienie piekła, dzięki Duchowi Świętemu Bóg pozwolił mi usłyszeć krzyki i lamenty dusz potępionych dochodzące z Niższego Grobu. Zapisałem każde słowo krzyku, które usłyszałem. Jakże przerażające i pełne rozpaczy były słowa potępionych.

Jakże może to być postać ludzka?
Nie tak wyglądałem podczas mojego życia na ziemi.
Mój wygląd jest obrzydliwy i odpychający!

W niekończącym się bólu i rozpaczy,
Jakże mogę się uwolnić?
Jak mogę uciec?
Czy mogę umrzeć? Co mogę zrobić?
Czy choć na chwilę doznam wytchnienia
W czasie ciągłych kar, wymierzanych przez wieki?
Czy jest jakiś sposób, aby skrócić to życie
I uwolnić się od bólu nie do zniesienia?

Ranię swoje ciało, by pozbawić się życia, lecz nie mogę umrzeć.
Nie ma końca...nie ma końca...

Kary w piekle po Dniu Sądu

Nie ma końca prześladowaniom mojej duszy.
Nie ma końca mojemu życiu.
Jakże mogę opisać to słowami?
Wkrótce zostanę wrzucony
Do szerokiego jeziora ognistego bez dna.
Jakże mam to wytrzymać?

Prześladowania są nie do zniesienia!
Jezioro ogniste jest
Przerażające, głębokie i gorące.
Jak mam to znieść?
Jak uciec?
Jak mogę uniknąć tych prześladowań?

Gdybym tylko mógł żyć...
Gdyby tylko był sposób, abym mógł żyć...
Gdbym mógł zamieszkać...
Gdybym tylko chociaż mógł poszukać drogi wyjścia,
Jednak niczego nie widać.

Jest tylko ciemność, rozpacz i ból,
Tylko frustracja i trudności.
Jak mam wytrzymać takie prześladowania?
Gdyby tylko mógł otworzyć drzwi życia...
Gdybym tylko znalazł drogę wyjścia...

Proszę ocal mnie. Proszę ocal mnie.
To zbyt przerażające i bolesne dla mnie.

Proszę ocal mnie. Proszę ocal mnie.
Dni mojego życia są pełne bólu i cierpienia.
Jakże mam wytrzymać w jeziorze ognia?
Proszę ocal mnie!
Proszę spójrz na mnie
Proszę ocal mnie!
Proszę miej nade mną łaskę!
Proszę ocal mnie!
Proszę ocal mnie!

Kiedy człowiek zostanie wrzucony do Niższego Grobu

Po zakończeniu życia na ziemi, nikt nie będzie miał „drugiej szansy." Czeka na nas wtedy uniesienie ciężaru naszych uczynków.

Kiedy ludzie słyszą o istnieniu piekła i nieba, niektórzy z nich mówią: „Dowiem się, jak umrę." Jednakże, kiedy umrzesz będzie już za późno. Ponieważ nie ma powrotu, kiedy umrzemy, musimy wiedzieć zanim zakończy się nasze życie.

Kiedy zostaniemy wrzuceni do Niższego Grobu, bez względu na to, jak bardzo byśmy żałowali, skruszyli się i błagali Boga, nie możemy uniknąć okropnych kar. Nie ma nadziei na przyszłość, lecz jedynie rozpacz i prześladowanie.

Dusza, która lamentuje, wiek dobrze, że nie ma drogi ani możliwości zbawienia. Niemniej jednak, dusze woła do Boga „na wszelki wypadek," Dusza błaga o litość i zbawienie. Jej krzyk zmienia się w przerażający jęk, oddala się i zupełnie zanika w otchłani piekła. Oczywiście, bez odpowiedzi.

Jednakże, skrucha ludzi z Niższym Grobie nie jest szczera mimo, iż wydaje się, że żałują ze szczerego serca. Ponieważ mają zło w sercu i wiedzą, że ich krzyki są daremne, potępieni pałają chęcią zemsty i przeklinają Boga. To pokazuje nam, dlaczego tacy ludzie nie mogli znaleźć się w niebie.

Jezioro ognia i siarki

W Niższym Grobie potępieni mogą biadać, narzekać i lamentować, pytając samych siebie: „Dlaczego ja?" Boją się jeziora ognia i myślą, w jaki sposób mogliby uciec: „Jak mógłbym umknąć posłańcom piekła?"

Jeśli ktoś raz został wrzucony do jeziora ognia, nie potrafi myśleć o niczym innym niż tylko przeraźliwym bólu. Kary w Niższym Grobie były stosunkowo lekkie, w porównaniu do tych w jeziorze ognia. Kary w jeziorze ognia powodują niewyobrażalny ból. Są tak bolesne, że człowiek nie jest w stanie ich sobie wyobrazić ani zrozumieć.

Wrzuć sól na gorącą patelnię, jeśli chcesz mieć choć namiastkę tego, co dzieje się w piekle. Zobaczysz, jak sól podskakuje i przypomina sceny znad jeziora ognistego: dusze będą podskakiwać niczym sól.

Ponadto, wyobraź sobie, że jesteś w basenie z wrzącą wodą. Jezioro ognia jest o wiele gorętsze niż wrząca woda, a jezioro płonącej siarki jest jeszcze siedem razy gorętsze niż jezioro ognia. Jeśli ktoś zostanie do niego wrzucony, nie ma możliwości ucieczki i będzie cierpiał na wieki wieków. Pierwszy, drugi, trzeci i czwarty rodzaj kary w Niższym Grobie przed Dniem Sądu są o wiele łatwiejsze do zniesienia.

Dlaczego w takim razie Bóg pozwala potępionym cierpieć przez tysiąc lat zanim wrzuci ich do jeziora ognia i siarki? Potępienie będą rozmyślać nad swoim życiem. Bóg pragnie, aby uświadomili sobie, dlaczego trafili do tak okrutnego miejsca jak piekło i gorliwie żałowali za swoje grzechy. Jednakże, bardzo trudno jest znaleźć ludzi, którzy żałują, a raczej emanują złem bardziej niż wcześniej. Dzięki temu wiemy, dlaczego znaleźli się w piekle.

Wrzuceni do jeziora ognistego

Kiedy modliłem się w 1982 roku, Bóg pokazał mi scenę z Dnia Sądu oraz jezioro ognia i siarki. Jeziora były bardzo rozległe.

Z odległości, jeziora oraz ludzi w nich wyglądali jakby siedzieli w gorących źródłach. Niektórzy zanurzeni do piersi, inni do szyi tak, że było widać jedynie ich głowy.

W Ewangelii Marka 9,48-49 Jezus powiedział: *„gdzie robak ich nie umiera i ogień nie gaśnie. Bo każdy ogniem będzie posolony."* Czy możesz wyobrazić sobie ból w tak okropnym środowisku? Kiedy dusze próbują uciekać, mogą jedynie podskoczyć jak sól i zgrzytać na zębach.

Czasami ludzie w tym świecie skaczą w górę i w dół, bawiąc się lub tańcząc w klubach nocnych. Po jakimś czasie męczą się i

Kary w piekle po Dniu Sądu

odpoczywają, jeśli chcą. W piekle, dusze będą skakać, jednak nie dla przyjemności, lecz w powodu ogromnego bólu i oczywiście nie będą miały możliwości odpocząć. Będą krzyczeć w bólu, aż zbledną, ich oczy zaciemnią się. Ponadto, ich mózg wybuchnie, a płyny będą się wylewać.

Bez względu na to, jak desperacko będą próbować, nigdy nie uda im się wydostać. Próbują pchać się na siebie i wstawać, jednak bez skutku. Każdy centymetr jeziora ognistego, gdzie z jednego końca nie widać drugiego, utrzymuje temperaturę, która cały czas pozostaje jednakowa, mimo upływającego czasu. DO Dnia Sądu, Niższy Grób będzie kontrolowany przez Lucyfera, a wszystkie kary zostaną wymierzone zgodnie z jego mocą i władzą.

Po Dniu Sądu jednakże kary zostaną wymierzone przez Boga zgodnie z Jego opatrznością i mocą. Dlatego, temperatura całego jeziora zawsze może być na takim samym poziomie.

Ogień sprawi cierpienie ludziom, lecz ich nie zabije. Tak, jak części ciała w Niższym Grobie odnawiają się nawet jeśli zostaną odcięte czy porąbane na kawałki, części ciała potępionych w piekle będą szybko się odnawiać pomimo oparzeń.

Ciała płonące niczym pochodnie

W jaki sposób ukarane będą dusze w jeziorze ognia? Czy kiedykolwiek oglądałeś scenę z komiksu, filmu animowanego lub bajki w telewizji, w której postać została porażona prądem? W chwili porażenia prądem, jej ciało zmienia się w szkielet, a ciemny zarys otacza ciało. Kiedy ciało zostaje uwolnione od prądu, wydaje się być normalne. Lub obraz prześwietlenia, który pokazuje wewnętrzne części ciała.

Tak samo, dusze w jeziorze ognia mają kształt fizyczny w jednej chwili, a w drugiej wydaje się, że widać jedynie ich ducha. Taki wzór powtarza się bez przestanku. W parzącym ogniu ciała dusz płoną i znikają, aby zaraz potem odnowić się.

Na świecie, kiedy doznasz oparzeń trzeciego stopnia, możesz nie być w stanie wytrzymać bólu na całym ciele, który pali cię do szaleństwa. Nikt nie może sobie wyobrazić stopnia takiego bólu, jeśli sam go nie doświadczył. Możesz nie być w stanie znieść bólu nawet jeśli tylko masz oparzone ręce.

Uczucie nie ustępuję na długo po oparzeniu, lecz trwa przez kilka dni. Gorąco ognia przenika ciało, uszkadza komórki, a nawet serce. O ileż bardziej bolesne będzie to, jeśli wszystkie części ciała ulegną poparzeniu, ponownemu odnowieniu i poparzeniu – i tak bez końca?

Dusze w jeziorze ognia nie mogą znieść bólu, lecz nie mdleją, ani nie umierają, ani nie odpoczywają nawet przez chwilę.

Jezioro płonącej siarki

Jezioro ognia jest miejscem kary, dla tych, którzy popełnili stosunkowo lekkie grzechy I cierpią z powodu pierwszego i drugiego rodzaju kary w Niższym Grobie. Ci, którzy popełnili cięższe grzechy i cierpią z powodu trzeciego i czwartego rodzaju kary w Niższym Grobie, zostaną wrzuceni do jeziora płonącej siarki, które jest siedmiokrotnie gorętsze niż jezioro ognia. Jak wspomniano wyżej, jezioro siarki jest zarezerwowane dla tych, którzy przemawiają przeciwko Duchowi Świętemu, sprzeciwiają Mu się i bluźnią. Ci, którzy ukrzyżowali Jezusa, ci, którzy Go zdradzili, którzy grzeszyli celowo, cudzołożyli, sprzeciwiali się Bogu poprzez złe uczynki i podawali się za fałszywych nauczycieli i proroków, nauczając fałsz.

Całe jezioro ognia jest wypełnione czerwonym ogniem. Jezioro płonącej siarki jest pełne żółtego ognia i wre. Bąble są wielkości tykwy. Dusze w jeziorze są całkowicie zanurzone we wrzącym płynie płonącej siarki.

Przytłoczeni bólem

Jak możesz wyjaśnić ból w jeziorze płonącej siarki, które jest siedmiokrotnie gorętsze niż jezioro ognia, w którym ból jest niewyobrażalny?

Pozwólcie mi wyjaśnić analogię rzeczy na tym świecie. Gdyby ktoś miał wypić płyn z żelaza rozpuszczonego w gorącym piecu, jakże byłoby to bolesne? Jego organy wewnętrzne spłonęłyby, kiedy gorące stopione płynne żelazo wpłynie do brzucha wzdłuż gardła.

W jeziorze ognia, dusze mogą przynajmniej skakać i krzyczeć z bólu. W jeziorze płonącej siarki dusze nie są w stanie jęczeć ani myśleć, ponieważ skręcają się z bólu. Poziom prześladowań i agonii, którego doświadczają w jeziorze siarki jest nie do opisania jakimikolwiek słowami. Co więcej, dusze będą cierpieć na wieki. W takim razie, jak można takie prześladowania w ogóle opisać?

Niektórzy pozostają w Niższym Grobie aż do dnia sądu

Zbawieni z czasów Nowego Testamentu przebywali w Wyższym Grobie do czasu zmartwychwstania Jezusa. Później weszli do Raju i będą czekać w przedsionku aż do powtórnego przyjścia Jezusa. Zbawieni z Nowego Testamentu przystosują się w Wyższym Grobie przez trzy dni i wejdą do przedsionka Raju, gdzie również będą czekać na powtórne przyjście Jezusa.

Jednakże, nienarodzone dzieci, które umarły w łonie matki nie pójdą do Raju po zmartwychwstaniu Jezusa ani po Dniu Sądu – będą przebywać w Wyższym Grobie na wieki.

Wśród ludzi, którzy obecnie cierpią w Niższym Grobie są także wyjątki. Takie dusze nie zostały wrzucone do jeziora ognia ani siarki, nawet po Dniu Sądu.

Kim oni są?

Dzieci, które umierają przed okresem dojrzewania

Wśród potępionych są usunięte płody w wieku sześciu miesięcy lub więcej oraz dzieci, które zginęły zanim dorosły do wieku dojrzewania, czyli przed dwunastym rokiem życia. Dusze wrzucone zostają do jeziora ognia lub płonącej siarki, ponieważ mimo że trafiły do Niższego Grobu ze względu na swoje własne zło, w chwili śmierci nie były wystarczająco dojrzało, aby posiąść własną wolę. Oznacza to, że życie wiary niekoniecznie byłoby kierunkiem, które by obrali, ponieważ być może byli pod wpływem swoich rodziców, przodków lub środowiska.

Bóg miłości i sprawiedliwości bierze pod uwagę niniejsze czynniki i nie wrzuca ich do jeziora ognia lub płonącej siarki nawet po Dniu Sądu. To nie oznacza jednakże, że ich kary znikną lub będą mniejsze. Będą karani na wieki w Niższym Grobie.

Ponieważ karą za grzech jest śmierć

Z wyjątkiem przypadków wspomnianych powyżej, wszyscy ludzie w Niższym Grobie zostaną wrzuceni do jeziora ognia lub płonącej siarki zgodnie z grzechami, których się dopuścili, kiedy żyli na ziemi. W Liście do Rzymian 6,23 czytamy: *„Albowiem zapłatą za grzech jest śmierć, a łaska przez Boga dana to życie wieczne w Chrystusie Jezusie, Panu naszym."* Śmierć nie odnosi się tutaj do końca życia na ziemi, lecz oznacza wieczną karę w jeziorze ognia lub płonącej siarki. Okropne i przerażające prześladowania, które trwają przez wieki wieczne, są karą za grzech i dlatego wiemy, że grzech jest okropny, brudny i ohydny.

Gdyby ludzie zdawali sobie sprawę choć w niewielkim stopniu z okropności piekła, jakże nie byliby przerażeni? Jak mogliby nie przyjąć Jezusa, być posłusznymi oraz żyć zgodnie ze Słowem Boga?

Jezus powiedział w Ewangelii Marka 9,45-47 następujące słowa:

I jeśli twoja noga jest dla ciebie powodem grzechu,

odetnij ją; lepiej jest dla ciebie, chromym wejść do życia, niż z dwiema nogami być wrzuconym do piekła. Jeśli twoje oko jest dla ciebie powodem grzechu, wyłup je; lepiej jest dla ciebie jednookim wejść do królestwa Bożego, niż z dwojgiem oczu być wrzuconym do piekła.

Lepiej dla ciebie, jeśli odetniesz swoją stopę, niż miałbyś popełnić grzech, udając się do miejsca, gdzie nie powinieneś iść i trafić do piekła. Lepiej będzie jeśli odetniesz swoją rękę niż popełnisz grzech, robiąc coś, czego nie powinieneś robić i trafisz do piekła. Podobnie, lepiej dla ciebie, jeśli wydłubiesz sobie oko niż miałbyś popełnić grzech, patrząc na coś, na co patrzyć nie powinieneś.

Jednakże, dzięki łasce Bożej danej nam za darmo, nie musimy odcinać sobie rąk ani stóp, czy wydłubywać sobie oczu, aby trafić do nieba. Ponieważ nasz bezgrzeszny i nieskazitelny Baranek, Pan Jezus Chrystus, został ukrzyżowany w naszym imieniu, gwoździe przebiły jego ręce i stopy, a korona cierniowa wbijała się w Jego głowę.

Sym Boży przyszedł na ziemię zniszczyć dzieła szatana

Dlatego, każdemu, kto wierzy w krew Jezusa, przebaczone zostają grzechy, jest uwolniony od kary jeziora ognia i płonącej siarki, a w nagrodę otrzymuje życie wieczne.

W 1 Jana 3,7-9 czytamy: *„Dzieci, nie dajcie się zwodzić nikomu; kto postępuje sprawiedliwie, jest sprawiedliwy, tak* *jak On jest sprawiedliwy. Kto grzeszy, jest dzieckiem diabła, ponieważ diabeł trwa w grzechu od początku. Syn Boży objawił się po to, aby zniszczyć dzieła diabła. Każdy, kto narodził się z Boga, nie grzeszy, gdyż trwa w nim nasienie Boże, taki nie może grzeszyć, bo się narodził z Boga."*

Grzech jest czymś więcej niż czynem, takim jak kradzież, morderstwo czy oszustwo. Zło w sercu jest poważniejszym grzechem. Bóg brzydzi się złem w ludzkim sercu. Nienawidzi serc pełnych zła, które osądzają i potępiają innych, nienawidzą i potykają się – serc, które są pełne chytrości i kłamstwa. Jakie byłoby niebo, gdyby ludzi z takimi sercami mogli się tak dostać? Wtedy nawet w niebie ludzie kłóciliby się o to, co jest dobre, a co złe, więc Bóg nie pozwoli złym ludziom wejść do nieba.

Dlatego, jeśli staniesz się dzieckiem Bożym, umocnionym krwią Chrystusa, musisz odrzucić fałsz i przestać służyć diabłu, lecz żyć zgodnie z prawdą jako dziecko Boga, które samo w sobie jest światłością. Tylko wtedy możesz posiąść chwałę nieba, zdobyć błogosławieństwa, oraz cieszyć się autorytetem jako dziecko Boga i mieć się dobrze nawet tutaj na tym świecie.

Nie możesz popełniać grzechów, jeśli wyznajesz swoją wiarę

Bóg kocha nas tak bardzo, że posłał swojego ukochanego, niewinnego i jedynego Syna, aby umarł za nas na krzyżu. Czy możesz sobie wyobrazić, jak bardzo Bóg będzie żalił się i gniewał, kiedy widzi ludzi uważających się za „dzieci Boże" jak popełniają grzechy, pozostają pod wpływem szatana i szybko zmierzają w stronę piekła?

Proszę, abyś nie grzeszył, lecz był posłuszny Bogu jako drogocenne dziecko Boże. Kiedy będziesz tak postępować, wszystkie twoje modlitwy zostaną wysłuchane i staniesz się prawdziwym dzieckiem Boga, a w końcu wejdziesz do wspaniałego Nowego Jeruzalem i będziesz tam żyć na wieki. Zyskasz moc i władzę, aby odpędzać ciemność z życia ludzi, którzy jeszcze nie poznali prawdy i nadal grzeszą, pozostając w niewoli diabła. Będziesz miał moc, aby prowadzić ich do Boga.

Modlę się, abyś był prawdziwym dzieckiem Bożym, otrzymywał odpowiedzi na swoje modlitwy i prośby, uwielbiał Boga i prowadził ludzi drogą zbawienia, abyś dostąpił chwały Bożej, jaśniejąc jak słońce na niebie.

Złe duchy wrzucone do otchłani

Według Słownika Webstera *(The Webster's New World College Dictionary)* słowo „otchłań" określone jest jako „przepaść bez dna," „pustka," „coś zbyt głębokiego, aby można było zmierzyć." W sensie biblijnym, otchłań jest najgłębszą i najniższą częścią piekła. Jest zarezerwowana dla złych duchów, które nie mają znaczenia dla życia ludzi na ziemi.

Potem ujrzałem anioła, zstępującego z nieba, który miał klucz od Czeluści i wielki łańcuch w ręce. I pochwycił Smoka, Węża starodawnego, którym jest diabeł i szatan, i związał go na tysiąc lat. I wtrącił go do

Czeluści, i zamknął, i pieczęć nad nim położył, by już nie zwodził narodów, aż tysiąc lat się dopełni. A potem ma być na krótki czas uwolniony (Apokalipsa 20,1-3).

Jest to opis końcowego okresu siedmioletnich wielkich prześladowań. Po powrocie Chrystusa złe duchy będą mieć kontrolę nad światem przez siedem lat w czasie III Wojny Światowej oraz innych katastrof na całym świecie. Po okresie wielkich prześladowań nastąpi okres tysiącletniego królestwa, podczas którego złe duchy będą zamknięte w otchłani. Pod koniec tysiąclecia złe duchy zostaną uwolnione na krótki czas aż do zakończenia Sądu, a wtedy już na zawsze zostaną zamknięte w otchłani. Lucyfer i jego słudzy sprawują władzę nad światem ciemności, jednak po Dniu Sądu, niebo i piekło będą poddane jedynie mocy Bożej.

Złe duchy są jedynie narzędziami

Jakie kary zostaną wymierzone złym duchom w otchłani, które stracą moc i władzę?

Zanim przejdziemy dalej, pamiętajcie, że złe duchy służą jedynie oraz istnieją tylko jako narzędzia podczas życia ludzi na ziemi. Dlaczego Bóg dał ludziom życie na ziemi, skoro jest tak wiele istot niebiańskich i aniołów? Ponieważ pragnie mieć prawdziwe dzieci, z którymi będzie mógł dzielić się swoją miłością.

Pozwólcie, że dam wam przykład. W historii Korei, szlachta miała zazwyczaj wiele służby. Słudzy byli posłuszni rozkazom swoich panów. Załóżmy, że pan ma marnotrawnych synów i córki, którzy nie są mu posłuszni i robią, co im się podoba. Czy oznacza to, że pan będzie bardziej kochał sługi, które są mu posłuszne niż swoje marnotrawne dzieci? Nie przestaje kochać dzieci tylko dlatego, że nie są mu posłuszne.

Tak samo jest z Bogiem. Bóg kocha ludzi, którzy są stworzeni na Jego podobieństwo bez względu na to, jak wielu ma aniołów, którzy są Mu posłuszni. Istoty niebiańskie oraz aniołowie są bardziej jak roboty, które wykonują wszystko, co się im powie. Dlatego, nie są w stanie w pełni dzielić miłości Bożej.

Oczywiście, nie można powiedzieć, że aniołowie są jak roboty pod każdym względem. Z jednej strony, roboty robią tylko to, co się im każe, nie mają wolnej woli i nic nie czują. Natomiast, aniołowie, podobnie jak ludzi, znają uczucie radości i smutku.

Kiedy odczuwasz radość lub smutek, aniołowie nie czują dokładnie tego samego, ponieważ nie do końca wiedzą, co to oznacza. Dlatego, kiedy chwalisz Boga, aniołowie będą chwalić Go razem z tobą. Kiedy tańczysz na chwałę Bogu, aniołowie będą tańczyć i grać na instrumentach muzycznych razem z tobą. Takie cechy odróżniają ich od robotów. Jednak aniołowie i roboty są podobne, ponieważ nie mają wolnej woli i czynią jedynie to, co się im powie, więc działają jak narzędzia.

Jak aniołowie, złe duchy również nie są niczym więcej niż tylko narzędziami. Są niczym maszyny, które nie odróżniają dobra od zła, stworzone do pewnych celów i wykorzystywane do złych działań.

Złe duchy zamknięte w otchłani

Prawo świata duchowego stanowi, iż karą za grzech jest śmierć oraz, że człowiek zbierze to, co zasiał. Po Dniu Sądu dusze w Niższym Grobie będą cierpieć w jeziorze ognia lub siarki zgodnie z prawem, ponieważ wybrały zło podczas swojego życia na ziemi.

Złe duchy, z wyjątkiem demonów, nie odgrywają ważnej roli w życiu ludzi na ziemi. Stąd nawet po Dniu Sądu złe duchy będą zamknięte w ciemnej i ziemnej otchłani, porzucone jak sterta śmieci. Jest to dla nich najbardziej odpowiednia kara.

Tron Boży znajduje się pośrodku nieba. Natomiast złe duchy zamknięte są w otchłani, najciemniejszym i najgłębszym miejscu piekła. Nie mogą się swobodnie poruszać w ciemności i zimnie otchłani. Wydaje się, jakby byli przygnieceni wielkimi kamieniami. Na wieki będą uwięzione w takiej pozycji.

Złe duchy kiedyś mieszkały w niebie i wypełniały obowiązki, zlecone im przez Boga. Po swoim upadku, aniołowie wykorzystywali władzę na swój sposób w świecie ciemności. Jednakże, zostali pokonani w wojnie, którą zwyciężył Bóg. Stracili chwałę i wartość jako istoty niebiańskie. W otchłani ich skrzydła będą rozdarte jako symbol przekleństwa i niełaski.

Duch jest istotą wewnętrzną i jest nieśmiertelny. Jednak złe duchy w otchłani nie mogą nawet poruszyć palcem, nie mają uczuć, woli ani mocy. Są niczym maszyny, które zostały wyłączone lub lalki wyrzucone na śmietnik. Sprawiają wrażenie zamrożonych.

Niektórzy posłańcy piekła pozostaną w Niższym Grobie

Jest jednak wyjątek od reguły. Jak wspomniano wyżej, dzieci poniżej wieku dojrzewania pozostaną w Niższym Grobie po Dniu Sądu. Dlatego konieczne jest, aby w Niższym Grobie pozostali posłańcy piekła, którzy będą mogli wymierzać im karę.

Ci posłańcy piekła nie zostaną zamknięci w otchłani, lecz pozostaną w Niższym Grobie. Wyglądają jak roboty. Przed Dniem Sądu czasami śmiały się i cieszyły widokiem torturowanych dusz, jednak nie dlatego, że odczuwały jakieś emocje. Byli pod kontrolą Lucyfera, który miał ludzkie cechy i sprawiał, że posłańcy okazywali emocje. Po Dniu Sądu jednakże posłańcy piekła nie będą już kontrolowani przez Lucyfera, więc będą wykonywać swoją pracę bez żadnych uczuć, działając niczym maszyny.

Gdzie skończą demony?

W przeciwieństwie do upadłych aniołów, smoków i ich naśladowców, którzy zostali stworzeni zanim powstał wszechświat, demony nie są istotami duchowymi. Kiedyś byli istotami ludzkimi, które powstały z pyłu i miały duszę, ducha i ciało, jednak umarli nie otrzymując zbawienia i zostali uwolnieni, aby istnieć na świecie jako demony.

W jaki sposób człowiek może stać się demonem? Istnieją cztery sposoby, poprzez które ludzie stają się demonami.

Kary w piekle po Dniu Sądu

Po pierwsze, są to przypadki ludzi, którzy zaprzedali swoją duszę i ducha diabłu. Ludzie, którzy praktykują czarnoksięstwo i poszukują pomocy i siły od złych duchów, aby spełnić swoje pragnienia i zaspokoić chciwość. Tacy ludzie stają się demonami, kiedy umierają.

Po drugie, są to ludzie, którzy popełniają samobójstwo. Jeśli ktoś popełnia samobójstwo z powodu nieudanego biznesu lub innych powodów, ignoruje Bożą władzę nad życiem i może stać się demonem. Jednakże, to nie to samo, co poświęcenie życia za kraj lub, aby pomagać ludziom bezsilnym. Jeśli człowiek, który nie potrafił pływać skoczył do wody, aby ratować kogoś innego kosztem własnego życie, jego śmierć miała dobry i szlachetny cel.

Po trzecie, są to ludzie, którzy kiedyś wierzyli w Boga, jednak zakończyli swoje życie zaprzeczając Jego istnieniu oraz zaprzedając swoją wiarę.

Niektórzy wierzący przynoszą hańbę Bogu i sprzeciwiają Mu się, kiedy stawiają czoła trudnościom lub tracą kogoś bliskiego. Charles Darwin, pionier teorii ewolucji, jest dobrym przykładem. Darwin kiedyś wierzył w Boga Stworzyciela, jednak kiedy jego córeczka umarła przedwcześnie, wyparł się Boga i sprzeciwiał się Mu, rozpowszechniając teorię ewolucji. Tacy ludzie popełniają grzech ukrzyżowania Chrystusa, naszego Zbawiciela, kolejny i kolejny raz (Hebr. 6,6).

Ostatnim przykładem jest przypadek osób, które przeszkadzają, sprzeciwiają się oraz bluźnią przeciwko Duchowi

Świętemu mimo, że wierzą w Boga i znają prawdę (Mat. 12,31-32, Łuk. 12,10).

W dzisiejszych czasach wielu ludzi, którzy wyznają wiarę w Boga przeszkadzają, sprzeciwiają się i bluźnią przeciwko Duchowi Świętemu. Mimo, że są świadkami niezliczonych dzieł Bożych, osądzają i potępiają innych, sprzeciwiają się działaniu Ducha Świętego i próbują niszczyć kościoły, którym towarzyszy działanie mocy Bożej. Jeśli czynią to jako liderzy kościołów, ich grzechy zostaną uznane za jeszcze poważniejsze.

Kiedy tacy grzesznicy umierają, zostają wrzuceni do Niższego Grobu i otrzymują trzeci lub czwarty rodzaj kary. Niektórzy z nich stają się demonami i zostają uwolnieni, aby działać na ziemi.

Demony kontrolowane przez diabła

Do Dnia Sądu Lucyfer ma pełną władzę, by kontrolować świat ciemności oraz Niższy Grób. Stąd Lucyfer ma również moc, aby wybierać pewne dusze z Niższego Grobu, które mu odpowiadają do jego dzieła i używa je w świecie jako demony.

Kiedy te dusze zostają wybrane oraz uwolnione na świat, w przeciwieństwie do swojego normalnego życia, które wiodły na ziemi, teraz nie mają już wolnej woli ani własnych uczuć. Zgodnie z wolą Lucyfera są kontrolowane przez diabła i służą jako narzędzia, aby realizować cele świata złych duchów.

Demony kuszą ludzi na ziemi, aby z całego serca ukochali świat. Niektóre z najbardziej obrzydliwych grzechów i przestępstw nie są przypadkowe, lecz umożliwione dzięki pracy demonów zgodnej z wolą Lucyfera. Demony wchodzą do ludzi zgodnie z prawem świata duchowego i prowadzą ich do piekła. Czasami demony sprawiają, ze ludzie kuleją i chorują. Oczywiście, nie oznacza to, że wszelkie przypadki zniekształceń oraz chorób są spowodowane wpływem demonów, lecz w niektórych przypadkach tak właśnie jest. W Biblii czytamy o chłopcu opętanym przez demona. Chłopiec był niemy od dzieciństwa (Mar. 9,17-24) oraz o kobiecie, która była niepełnosprawna z powodu demona przez 18 lat i nie mogła się wyprostować (Łuk. 13,10-13).

Zgodnie z wolą Lucyfera demonom zostały przydzielone najlżejsze obowiązki w świecie ciemności, jednak demony nie zostaną zamknięte w otchłani po dniu Sądu. Ponieważ demony były kiedyś istotami ludzkimi, wraz z innymi, którzy otrzymają karę trzeciego i czwartego rodzaju w Niższym Grobie, po Dniu Sądu zostaną wrzucone do jeziora płonącej siarki.

Złe duchy boją się otchłani

Niektórzy z was, którzy pamiętają słowa z Biblii, mogą uznać, że coś jest nie tak. W Ewangelii Łukasza 8 opisana jest scena, w której Jezus spotyka się z mężczyzną opętanym przez demona. Kiedy Jezus rozkazał, aby demon opuścił ciało człowieka, demon powiedział: *„Czego chcesz ode mnie, Jezusie, Synu Boga Najwyższego? Błagam Cię, nie dręcz mnie"* (Łuk. 8,28) oraz błaga Jezusa, aby nie wygnał go do otchłani.

Demony są skazane na jezioro płonącej siarki, nie na otchłań. Dlaczego, w takim razie, demon poprosił Jezusa, aby nie wysłał go do otchłani? Jak wspomniano wyżej, demony były kiedyś istotami ludzkimi, natomiast teraz wykorzystywane są jako narzędzia działające zgodnie z wolą Lucyfera. Stąd, kiedy demon przemówił do Jezusa ustami tego człowieka, wyrażał zdanie złego ducha, który go kontrolował, a nie własne. Złe duchy prowadzone przez Lucyfera wiedzą, że kiedy wypełni się opatrzność Boża dla ludzkości, duchy stracą całą swoją władzę i moc oraz na wieki zostaną zamknięte w otchłani. Ich wyraźny lęk o przyszłość był ukazany w błaganiu demona. Co więcej, demon został wykorzystany jako narzędzie, aby lęk złych duchów oraz ich koniec zostały zapisane w Biblii.

Dlaczego demony nienawidzą wody oraz ognia?

We wczesnych latach mojej służby Duch Święty działał tak potężnie w moim kościele, że niewidomi odzyskiwali wzrok, niemi zaczynali mówić, chromi zaczynali chodzić, a złe duchy były wypędzane. Wiadomości szybko rozeszły się po kraju i przybywało do nas wiele ludzi. W tym czasie osobiście modliłem się za ludzi opętanych oraz demony jako istoty duchowe, wiedząc, że zostaną wygnane. Niektóre demony błagały mnie: „Prosimy nie wyganiaj nas z wody oraz ognia."

Oczywiście, nie mogłem zgodzić się na ich prośbę. Dlaczego, w takim razie, demony nienawidzą wody i ognia? Biblia ukazuje ich nienawiść w stosunku do wody i ognia. Kiedy ponownie modliłem się o informacje na ten temat, Bóg przekazał mi, że woda w sensie duchowym oznacza życie, a w szczególności słowo Boga, który jest światłością. Ponadto, ogień symbolizuje Ducha Świętego. Demony, które reprezentują ciemność stracą moc i władzę, kiedy zostaną wygnane w ogień lub w wodę.

W Ewangelii Marka opisana jest scena, w której Jezus rozkazuje demonowi o imieniu Legion, aby opuścił człowieka. Demony błagają Go, aby wypędził je, by mogły zamieszkać w świniach (Mar. 5,12). Jezus pozwolił im na to, więc demony opuściły człowieka i weszły w świnie. Stado świń, około dwa tysiące, popędziło w dół zbocza, wpadło do jeziora i zatonęło. Jezus uczynił to, aby przeszkodzić demonom w pracy dla Lucyfera. Jednakże, nie oznacza to, że demony zatonęły, jedynie straciły swoją moc. Dlatego Jezus mówi nam, że *„Gdy duch nieczysty opuści człowieka, błąka się po miejscach bezwodnych, szukając spoczynku, ale nie znajduje"* (Mat. 12,43).

Dzieci Boże powinny znać duchowy świat, aby reprezentować Bożą moc. Demony drżą ze strachu, kiedy wypędzamy je dzięki wiedzy na temat duchowego świata. Jednak, nie będą się bać, gdy wypowiesz słowa: „Demonie, wyjdź i wejdź do wody! Wejdź do ognia!" bez duchowego zrozumienia.

Lucyfer walczy o to, aby ustanowić swoje królestwo

Bóg jest Bogiem obfitej miłości, jednak jest również Bogiem sprawiedliwości. Bez względu na to, jak łaskawy i przebaczający może być król, nie może być łaskawy i przebaczający w każdych okolicznościach. Kiedy złodzieje i mordercy są w danym kraju, król powinien je złapać i ukarać zgodnie z prawem danej ziemi, aby zachować pokój oraz bezpieczeństwo ludzi. Nawet kiedy jego ukochany syn lub ktokolwiek inny popełni poważne przestępstwo, takie jak zdrada, król nie ma innej możliwości, lecz ukarać ich zgodnie z prawem.

Miłość Bożą jest rodzajem miłości, która zgadza się z dokładanymi nakazami duchowego świata. Bóg bardzo ukochał Lucyfera przed jego zdradą, a nawet po jego zdradzie dał mu władzę nad ciemnością, jednak jedyną nagrodą dla Lucyfera będzie zamknięcie w otchłani. Ponieważ Lucyfer o tym wiem, walczy o to, aby ustanowić swoje królestwo i umocnić je. Dlatego Lucyfer zabijał proroków Bożych przez dwa tysiące lat. Da tysiące lat temu, kiedy Lucyfer dowiedział się o narodzinach Jezusa, aby zapobiec wzmacnianiu królestwa Bożego i utrzymać swoje królestwo ciemności, próbował zabić Jezusa przez króla Heroda. Pod namową szatana Herod wydał rozkazy, aby zabić wszystkich chłopców w ziemi, którzy mieli dwa latka lub mniej (Mat. 2,13-18).

Poza tym, w ciągu ostatnich dwóch tysięcy lat, Lucyfer zawsze próbował zniszczyć i zabić kogokolwiek, kto reprezentował wspaniałe dzieła i moc Bożą. Jednak Lucyfer nigdy nie będzie w stanie odnieść zwycięstwa nad Bogiem lub przewyższyć Jego mądrości. Lucyfer zostanie w końcu zamknięty w otchłani.

Bóg miłości czeka oraz daje możliwość okazania skruchy

Wszyscy ludzie na ziemi zostaną osądzeni zgodnie z uczynkami. Niesprawiedliwych czeka przekleństwo oraz kara, a dobrych czekają błogosławieństwa i chwała. Jednakże, Bóg,

Kary w piekle po Dniu Sądu

który jest miłością nie wrzuca ludzi, którzy zgrzeszyli natychmiast do piekła. Cierpliwie czeka, aby się ukorzyli, jak napisano w 2 Piotra 3,8-9: *„Niech zaś dla was, umiłowani, nie będzie tajne to jedno, że jeden dzień u Pana jest jak tysiąc lat, a tysiąc lat jak jeden dzień. Nie zwleka Pan z wypełnieniem obietnicy – bo niektórzy są przekonani, że Pan zwleka – ale On jest cierpliwy w stosunku do was. Nie chce bowiem niektórych zgubić, ale wszystkich doprowadzić do nawrócenia."* To jest miłość Bożą, który pragnie, aby ludzie byli zbawieni.

Dzięki tym wiadomościom na temat piekła, powinieneś pamiętać, że Bóg był cierpliwy oraz czekał na tych, którzy obecnie są karani w Niższym Grobie. Bóg miłości żałuje dusz, stworzonych na Jego podobieństwo, które cierpią teraz i będą cierpieć na wieki.

Mimo Bożej cierpliwości oraz miłości, jeśli ludzie nie przyjmą ewangelii lub stwierdzą, że wierzą, jednak nadal będą grzeszyć, stracą możliwość zbawienia i znajdą się w piekle.

Dlatego ludzie wierzący powinni zawsze rozprzestrzeniać ewangelię. Przypuśćmy, że kiedy byliśmy poza domem, wybuchnął tam wielki pożar. Kiedy wróciliśmy, dom stał w płomieniach, a dzieci spały w środku. Czy nie spróbujesz zrobić wszystkiego, aby uratować swoje dzieci? Bóg jest nawet bardziej załamany, kiedy widzi, jak ludzie stworzeni na Jego podobieństwo grzeszą i wpadną w wieczne płomienie piekła. Podobnie, czy potrafisz sobie wyobrazić, jak bardzo uszczęśliwiony byłby Bóg widząc, jak ludzie prowadzą innych do zbawienia?

Powinieneś zrozumieć charakter Boga, który kocha wszystkich ludzi i żałuje tych, którzy zmierzają do piekła, oraz charakter Jezusa, który nie chce stracić ani jednaj osoby. Teraz, kiedy przeczytałeś o okrucieństwach oraz obrzydliwości piekła, być może zrozumiesz, dlaczego Bóg jest tak zadowolony, mogąc zbawiać ludzi. Mam nadzieję, że uchwycisz i zrozumiesz charakter Boga, abyś mógł rozpowiadać dobrą nowinę i prowadzić ludzi do nieba.

Rozdział 9

Dlaczego Bóg miłości musiał przygotować piekło

Boża miłość i cierpliwość

Dlaczego Bóg miłości musiał przygotować piekło?

Bóg pragnie, aby wszyscy otrzymali zbawienie

Odważne głoszenie ewangelii

*„który pragnie, by wszyscy ludzie zostali zbawieni
i doszli do poznania prawdy."*
- 1 Liście do Tymoteusza 2,4 -

*„Ma On wiejadło w ręku i oczyści swój omłot:
pszenicę zbierze do spichlerza,
a plewy spali w ogniu nieugaszonym."*
- Mateusza 3,12 -

Dlaczego Bóg miłości musiał przygotować piekło

Około dwa tysiące lat temu Jezus chodził przez miasta i wsie w Izraelu, głosił dobrą nowinę i uzdrawiał chorych. Kiedy spotykał ludzi, Jezus współczuł im, ponieważ byli bezsilni i nękani, jak owce bez pasterza (Mat. 9,36). Była niezliczona liczba ludzi, którzy mieli dostąpić zbawienia, jednak nikt o nich nie dbał. Nawet jeśli Jezus pilnie chodził po wsiach i odwiedzał ludzi, nie był w stanie zadbać o nich wszystkich.

W Ewangelii Mateusza 9,37-39 czytamy słowa Jezusa do Jego uczniów: *„Wtedy rzekł do swych uczniów: żniwo wprawdzie wielkie, ale robotników mało. Proście Pana żniwa, żeby wyprawił robotników na swoje żniwo."* Potrzebni byli pracownicy, którzy nauczaliby niezliczone rzesze o prawdzie z miłością oraz odsuwali ludzi od ciemności.

W dzisiejszych czasach, tak wielu ludzi jest zniewolonych grzechem, cierpiących z powodu chorób, biedy i smutku – ludzi, którzy zmierzają w stronę piekła – a wszystko dlatego, że nie znają prawdy. Musimy zrozumieć charakter Jezusa, który poszukuje robotników, aby wysłać ich na pola, abyś nie tylko otrzymał zbawienie, ale również powiedział: „Oto jestem, Panie, poślij mnie."

Boża miłość i cierpliwość

Był sobie pewien syn, którego rodzice bardzo kochali i uwielbiali. Pewnego dnia, syn poprosił swoich rodziców, aby dali mu część dziedzictwa. Zgodzili się, mimo że nie do końca rozumieli jego prośbę, ponieważ i tak zamierzali wszystko mu przekazać. Syn udał się w podróż wraz ze swoim majątkiem. Mimo, że początkowo miał nadzieję oraz ambicje, stopniowo poddawał się namiętnościom i przyjemności tego świata, aż w końcu zmarnował cały swój dobytek. Ponadto, kraj stał przed poważnym kryzysem, więc syn stał się ubogi. Pewnego dnia, ktoś doniósł wieści o synu jego rodzicom, mówiąc im, że ich syn został żebrakiem z powodu rozpusty i został pogardzony przez ludzi.

Jak musieli czuć się jego rodzice? Być może na początku byli rozgniewani, jednak później zaczęli się o niego martwić, myśląc: „Wybaczamy ci, po prostu wróć do domu!"

Bóg przyjmuje swoje dzieci, które przychodzą do Niego w skrusze

Charakter rodziców opisany jest w Ewangelii Łukasza 15. Ojciec, którego syn wyjechał do dalekiego kraju, czekał na swojego syna każdego dnia. Ojciec czekał na powrót syna tak desperacko, że kiedy jego syn powrócił, ojciec rozpoznał go z daleka, pobiegł w jego stronę i rzucił mu się na szyję z radością. Ojciec dał synowi szaty i sandały, zabił tuczne cielę i urządził ucztę na jego cześć.

Taki właśnie jest charakter Boga. On nie tylko wybacza wszystkim tym, którzy szczerze żałują bez względu na grzech, ale również pokrzepia ich i daje im siłę do poprawy. Kiedy jeden człowiek zyskuje zbawienie dzięki wierze, Bóg cieszy się i świętuje z istotami niebieskimi i aniołami. Nasz łaskawy Bóg jest miłością. Tak, jak ojciec z powyższej historii czekał na swojego syna, tak Bóg pragnie, aby wszyscy ludzie odwrócili się od grzechu i dostąpili zbawienia.

Bóg miłości i przebaczenia

W Księdze Ozeasza 3, możemy przeczytać o obfitej łasce i współczuciu naszego Boga, który zawsze chętnie przebacza i kocha grzesznika.

Pewnego dnia, Bóg nakazał Ozeaszowi, aby wziął sobie prostytutkę za żonę. Ozeasz okazał posłuszeństwo i poślubił Gomerę. Jednakże kilka dni później Gomera nie była w stanie dochować wierności i pokochała innego mężczyznę. Ponadto, płacono jej jak prostytutce, więc poszła kochać się z innym mężczyzną. Bóg powiedział Ozeaszowi: *„Pokochaj jeszcze raz kobietę, która innego kocha, łamiąc wiarę małżeńską. Tak miłuje Pan synów Izraela, choć się do bogów obcych zwracają i lubią placki z rodzynkami"* (w. 1). Bóg nakazał Ozeaszowi, aby kochał swoją żonę, która zdradzała do i pozostawiła dla innego mężczyzny. Ozeasz sprowadził ją z powrotem, płacąc piętnaście syklów srebra, chomera i letek jęczmienia (w. 2). Jak wielu ludzi potrafiłoby to zrobić? Po tym, jak Ozeasz sprowadził z powrotem Gomerę, powiedział jej: *„Przez wiele dnia będziesz u mnie, nie będziesz uprawiała nierządu, ani należała do [innego] mężczyzny, a ja się również nie zbliżę do ciebie"* (w. 3). Nie potępił jej ani nie znienawidził, lecz przebaczył z miłością i prosił ją, aby już nigdy go nie opuściła.

Ozeasz sprawiał wrażenie głupiego w oczach ludzi tego

świata. Jednakże, jego serce odzwierciedlało serce Boga. Tak, jak Ozeasz poślubił prostytutkę, tak Bóg ukochał nas, którzy Go opuściliśmy i złożył za nas ofiarę.

Po nieposłuszeństwie Adama, wszystkie istoty ludzkie zostały naznaczone grzechem. Tak, jak Gomera, nie byli warci Bożej miłości. Jednakże Bóg kochał ich mimo wszystko i dał swojego jedynego Syna, aby został ukrzyżowany. Jezus został pobity, miał na głowie koronę cierniową i przybito Go do krzyża, aby mógł nas zbawić. Nawet, gdy umierał, wisząc na krzyżu, modlił się: „Ojcze, przebacz im." W tej chwili Jezus wstawia się za wszystkimi grzesznikami przed tronem Boga Ojca w niebie.

A jednak, tak wielu ludzi nie zna Bożej miłości i łaski. Natomiast kochają ten świat i grzeszą, aby spełniać pragnienia ciała. Niektórzy żyją w ciemności, ponieważ nie znają prawdy. Inni znają prawdę, jednak z czasem ich serca zmieniają się i ponownie popełniają grzechy. Kiedy dostępujemy zbawienia, musimy codziennie się uświęcać. Jednakże, serce ludzkie staje się zepsute i pełne nieczystości – zupełnie niepodobne do serca, które przyjęło Ducha Świętego. Dlatego ludzi popełniają zło mimo, że wcześniej je odrzucili.

Bóg nadal pragnie przebaczyć nam oraz kocha nawet tych ludzi, którzy grzeszą i kochają ten świat. Tak, jak Ozeasz przyprowadził z powrotem swoją cudzołożną żonę, która kochała innego mężczyznę, tak Bóg czeka na nasz powrót oraz skruchę swoich dzieci, które zgrzeszyły.

Dlatego, musimy zrozumieć charakter Boga, który odsłonił przed nami informacje na temat piekła. Bóg nie chce nas straszyć; On jedynie pragnie, abyśmy dowiedzieli się o okrucieństwie piekła, gorliwie żałowali za grzechy i dostąpili zbawienia. Poselstwo na temat piekła jest sposobem na wyrażenie Jego miłości do nas. Musimy również zrozumieć, dlaczego Bóg musiał przygotować piekło, abyśmy mogli zrozumieć lepiej Jego charakter oraz rozpowszechniać dobrą nowinę ludziom, by dostąpili zbawienia i uniknęli wiecznej kary.

Dlaczego Bóg miłości musiał przygotować piekło?

W Księdze Rodzaju 2,7 czytamy: „*Wtedy to Pan Bóg ulepił człowieka z prochu ziemi i tchnął w jego nozdrza tchnienie życia, wskutek czego stał się człowiek istotą żywą.*"

W 1983 roku, rok po tym, jak otwarły się drzwi mojego kościoła, Bóg pokazał mi wizję, w której zobaczyłem stworzenie Adama. Bóg ukształtował Adama z gliny z troską i miłością tak, jak dziecko, które bawi się swoją ukochaną zabawką lub lalką. Po ukształtowaniu Adama, Bóg tchnął w jego nozdrza dech życia. Ponieważ otrzymaliśmy od Boga dech życia, nasza dusza i duch są nieśmiertelne. Ciało uczynione z pyłu zniknie i znów stanie się pyłem, lecz dusza i duch będą trwać na wieki.

Dlatego, Bóg przygotował miejsca dla nieśmiertelnych duchów – niebo i piekło. Jak napisano w 2 Liście Piotra 2,9-10, ludzie, którzy prowadzą życie bojaźni będą zbawieni i wejdą do nieba, a niesprawiedliwi zostaną ukarani w piekle.

To wie Pan, jak pobożnych wyrwać z doświadczenia, niesprawiedliwych zaś jak zachować na ukaranie w dzień sądu, przede wszystkim zaś tych, którzy idą za ciałem w nieczystej żądzy i pogardę okazują Władzy, zuchwalcy, zarozumialcy, którzy nie wahają się przed wypowiadaniem bluźnierstw na „Chwały."

Z jednej strony, Boże dzieci będą żyć w Jego wiecznym królestwie. Stąd, niebo jest pełne szczęścia i radości. Z drugiej strony, piekło jest miejscem dla wszystkich tych, którzy nie przyjęli Bożej miłości, lecz zdradzili Go i stali się sługami grzechu. W piekle zostanie im wymierzona kara. Dlaczego, w takim razie, Bóg miłości musiał przygotować piekło?

Bóg oddziela pszenicę od chwastów

Tak, jak farmer sieje i pielęgnuje, tak Bóg pielęgnuje istoty ludzkie na tym świecie, aby stały się Jego prawdziwymi dziećmi. Kiedy nadejdzie czas żniw, oddzieli pszenicę od chwastów, i wyśle pszenicę do nieba, a chwasty do piekła.

Ma On wiejadło w ręku i oczyści swój omłot: pszenicę zbierze do spichlerza, a plewy spali w ogniu nieugaszonym (Mat. 3,12).

Pszenica symbolizuje tych, którzy przyjęli Jezusa, próbowali odnowić wizerunek Boga w swoim życiu oraz żyli zgodnie z Jego słowem. Chwasty odnoszą się do tych, którzy nie przyjęli Jezusa jako Zbawiciela, ukochali świat i postępowali źle.

Tak, jak farmer zbiera pszenicę do stodoły i pali chwasty lub używa ich jako środka użyźniającego zboża, Bóg także przynosi pszenicę do nieba, a chwasty wyrzuca do piekła.

Bóg pragnie upewnić się, że jesteśmy świadomi istnienia Niższego Grobu oraz piekła. Lawa pod powierzchnią ziemi oraz ogień służą jako przypomnienie wiecznych kar w piekle. Gdyby nie było ognia i siarki, jak moglibyśmy sobie wyobrazić okropne sceny w Niższego Grobu lub piekła? Bóg stworzył te rzeczy, ponieważ są konieczne w procesie kształtowania istot ludzkich.

Powód, dla którego chwasty wrzucone są do ognia piekielnego

Niektórzy być może pytają: „Dlaczego Bóg musiał przygotować piekło? Dlaczego nie mógł wpuścić chwastów do nieba?"

Piękno nieba jest niewyobrażalne i nie do opisania. Bóg, Pan nieba jest święty, bez skazy i bez nagany, i dlatego jedynie ci, którzy wypełniają Jego wolę mogą wejść do nieba (Mat. 7,21). Jeśli źli ludzie byliby w niebie wraz z ludźmi pełnymi miłości i dobroci, życie w niebie byłoby trudne i dziwne, a piękne niebo byłoby zanieczyszczone. Dlatego Bóg przygotował piekło, aby oddzielić pszenicę w niebie od chwastów w piekle.

Gdyby nie było piekła, sprawiedliwi i źli byliby zmuszeni żyć razem. Gdyby tak było, niebo stałoby się przystanią ciemności, wypełnioną krzykiem i płaczem. Jednakże celem kształtowania człowieka nie jest stworzenie takiego miejsca. Niebo jest miejscem, gdzie nie ma łez, smutku, prześladowań i chorób, gdzie Bóg może dzielić się miłością ze swoimi dziećmi na zawsze. Stąd, piekło jest potrzebne, aby mogli tam przebywać źli i bezwartościowi ludzie – chwasty.

W Liście do Rzymian 6,16 czytamy: *„Czyż nie wiecie, że jeśli oddajecie samych siebie jako niewolników pod posłuszeństwo, jesteście niewolnikami tego, komu dajecie posłuch: bądź [niewolnikami] grzechu, [co wiedzie] do śmierci, bądź posłuszeństwa, [co wiedzie] do sprawiedliwości?"* Nawet jeśli nie byli tego świadomi, wszyscy, którzy nie żyli zgodnie ze słowem Bożym są niewolnikami grzechu i szatana. Na ziemi są kontrolowani przez szatana i diabła. Po śmierci zostaną wrzuceni w ręce złych duchów do piekła i zostanie im wymierzona kara.

Bóg nagradza ludzi zgodnie z ich uczynkami

Nasz Bóg nie jest jedynie Bogiem miłości, łaski i dobroci, jest również Bogiem sprawiedliwym, który nagradza każdego z nas, zgodnie z naszymi uczynkami. W Liście do Galacjan 6,7-8 napisano:

> *Nie łudźcie się: Bóg nie dozwoli z siebie szydzić. A co człowiek sieje, to i żąć będzie: kto sieje w ciele swoim, jako plon ciała zbierze zagładę; kto sieje w duchu, jako plon ducha zbierze życie wieczne.*

Dlaczego Bóg miłości musiał przygotować piekło

Z jednej strony, kiedy siejesz modlitwę i uwielbienie, będziesz wzmocniony, aby żyć zgodnie ze słowem Boga dzięki mocy z nieba, a twój duch i dusza będą dobrze się miały. Kiedy siejesz z wiarą, będziesz wzmocniony – twoje ciało, dusza i duch. Jeśli siejesz pieniądze poprzez dziesięcinę oraz dary, będzie miał błogosławieństwa finansowe, abyś mógł siać jeszcze więcej dla królestwa Bożego. Z drugiej strony, jeśli siejesz zło, twoją zapłatą będzie taka sama ilość i ogrom zła. Nawet jeśli jesteś osobą wierzącą, jeśli siejesz grzech i nieprawość, stawisz czoła próbom. Dlatego, mam nadzieję, że zostaniesz oświecony i dzięki pomocy Ducha Świętego otrzymasz wiedzę, aby zyskać życie wieczne.

W Ewangelii Jana 5,28-29 Jezus powiedział: *„Nie dziwcie się temu! Nadchodzi bowiem godzina, w której wszyscy, którzy spoczywają w grobach, usłyszą głos Jego: a ci, którzy pełnili dobre czyny, pójdą na zmartwychwstanie życia; ci, którzy pełnili złe czyny – na zmartwychwstanie potępienia."* W Ewangelii Mateusza 16,27 Jezus obiecuje: *„Albowiem Syn Człowieczy przyjdzie w chwale Ojca swego razem z aniołami swoimi, i wtedy odda każdemu według jego postępowania."*

Z niezwykłą dokładnością Bóg osądzi i nagrodzi wiernych oraz ukarze niesprawiedliwych zgodnie z ich uczynkami. To, czy człowiek pójdzie do nieba czy piekła nie zależy od Boga, lecz od naszej wolnej woli oraz tego, że każdy będzie zbierać to, co zasiał.

Bóg pragnie, aby wszyscy otrzymali zbawienie

Bóg uważa człowieka stworzonego na swoje podobieństwo za ważniejszego niż cały wszechświat. Dlatego, Bóg pragnie, aby wszyscy uwierzyli w Jezusa i dostąpili zbawienia.

Bóg cieszy się z każdego nawróconego grzesznika

Tak, jak pasterz, który szuka zagubionej owcy, mimo że pozostałych 99 jest bezpiecznych (Łuk. 15,4-7), tak Bóg cieszy się z każdego nawróconego grzesznika bardziej niż z 99 sprawiedliwych, którzy nie potrzebują skruchy.

Psalmista napisał w Psalmie 103,12-13: *„Jak jest odległy wschód od zachodu, tak daleko odsuwa od nas nasze występki. Jak się lituje ojciec nad synami, tak Pan się lituje nad tymi, co się Go boją."* Bóg obiecał również w Księdze Izajasza 1,18: *„Chodźcie i spór ze Mną wiedźcie! – mówi Pan. Choćby wasze grzechy były jak szkarłat, jak śnieg wybieleją; choćby czerwone jak purpura, staną się jak wełna."*

Bóg jest światłością i nie ma w Nim ciemności. Jest również dobrocią, która nienawidzi grzechu, jednak kiedy grzesznik przychodzi do Niego i żałuje, Bóg nie pamięta jego grzechów. Natomiast obejmuje go i błogosławi Mu w niekończącej się miłości i przebaczeniu.

Jeśli zrozumiesz niesamowitą łaskę Bożą, będzie traktować innych ludzi z miłością. Będziesz miał współczucie w stosunku do innych, aby nie trafili do piekła, będziesz się za nimi modlić, dzielić się z nimi dobrą nowiną, odwiedzać tych, którzy mają słabą wiarę i wzmacniać ich, aby pewnie stali.

Jeśli nie okażesz skruchy

W 1 Liście do Tymoteusza 2,4 czytamy o *„Bogu, który pragnie, by wszyscy ludzie zostali zbawieni i doszli do poznania prawdy."* Bóg pragnie, aby ludzie poznali Go, dostąpili zbawienia i żyli tam, gdzie On. Bóg martwi się o zbawienie każdego człowieka, czekając aby zawrócili z drogi ciemności i grzechu.

Jednakże, nawet jeśli Bóg daje ludziom niezliczone możliwości skruchy, poświęcając swojego Syna na krzyżu, jeśli nie skruszą się i umrą, zostaje im jedynie jedna możliwość. Zgodnie z prawem duchowego świata, będą zbierać to, co posiali i zostanie im odpłacone zgodnie z tym, co zrobili – zostaną wrzuceni do piekła.

Mam nadzieję, że uświadomisz sobie niezwykłą miłość i sprawiedliwość Bożą, abyś mógł przyjąć Jezusa i uzyskać przebaczenie. Ponadto, zachowuj się i żyj zgodnie z wolą Bożą, abyś mógł lśnić jak słońce na niebie.

Odważne głoszenie ewangelii

Ci, którzy znają i prawdziwie wierzą w istnienie piekła i nieba nie potrafią przestać ewangelizować, ponieważ znają charakter Boga, który pragnie, aby ludzie dostąpili zbawienia.

Ewangelia będzie głoszona nawet bez udziału ludzi

W Liście do Rzymian 10,14-15 czytamy, że Bóg chwali tych, którzy głoszą dobrą nowinę:

> *Jakże więc mieli wzywać Tego, w którego nie uwierzyli? Jakże mieli uwierzyć w Tego, którego nie słyszeli? Jakże mieli usłyszeć, gdy im nikt nie głosił? Jakże mogliby im głosić, jeśliby nie zostali posłani? Jak to jest napisane: Jak piękne stopy tych, którzy zwiastują dobrą nowinę!*

W 2 Księdze Królewskiej 5 opisana jest historia Naamana, przywódcy wojsk króla Aramu. Naaman był uważany za szlachetnego człowieka, ponieważ wielokrotnie ocalił swój kraj. Zdobył sławę i bogactwo. Nie brakowało mu niczego. Jednak pewnego dnia zachorował na trąd. W tamtych czasach, trąd był nieuleczalną chorobą uważaną za przekleństwo z nieba, więc Naamanowi wszystko, co miał wydawało się bezwartościowe. Nawet król nie potrafił mu pomóc. Czy potrafisz sobie wyobrazić, jak musiał czuć się Naaman, obserwując swoje ciało, które niegdyś zdrowe i silne psuło się i rozpadało z dnia na dzień? Ponadto, nawet członkowie jego rodziny zaczęli trzymać się od niego z daleka w obawie, że się zarażą. Jakże bezsilny i słaby musiał czuć się Naaman?

A jednak Bóg miał dla niego dobry plan. Była to pewna służąca, która została zabrana z Izraela, która służyła żonie

Naamana.

Naaman został uzdrowiony, ponieważ usłuchał słów służącej

Służąca, mimo że była małą dziewczynką, znała sposób, aby rozwiązać problem Naamana. Wierzyła, że Elizeusz, prorok w Samarii, mógł uzdrowić jej pana. Odważnie przekazała informacje o mocy Bożej widocznej w działaniu Elizeusza swojemu panu. Nie milczała, szczególnie w kwestii, która była tak ważna dla jej wiary. Po wysłuchaniu informacji, Naaman przygotował dary i poszedł zobaczyć się z prorokiem.

Jak myślisz, co stało się z Naamanem? Został w pełni uzdrowiony dzięki mocy Boga, który był z Elizeuszem. Wyznał: *„Oto przekonałem się, że na całej ziemi nie ma Boga poza Izraelem! A teraz zechciej przyjąć dar wdzięczności od twego sługi!"* (2 Król. 5,15) Naaman został uzdrowiony nie tylko ze swojej choroby, ale również jego problemy duchowe zostały rozwiązane.

Jezus komentuje tę historię w Ewangelii Łukasza 4,27: *„I wielu trędowatych było w Izraelu za proroka Elizeusza, a żaden z nich nie został oczyszczony, tylko Syryjczyk Naaman."* Dlaczego tylko Naaman poganin został uzdrowiony mimo, że było wielu trędowatych w Izraelu? Ponieważ serce Naamana było szczere, a Bóg przygotował dla niego możliwość zbawienia, ponieważ był dobrym człowiekiem, wiernym generałem w służbie królowi oraz sługą, którego kochali ludzie, ponieważ był gotowy oddać za nich swoje życie.

Jednakże, jeśli służąca nie przekazałaby wiadomości o mocy Elizeusza Naamanowi, umarłby, nie dostąpiwszy zbawienia. Życie szlachetnego i wartościowego wojownika zależało od słów małej dziewczynki.

Z odwagą głoś ewangelię

Tak, jak w przypadku Naamana, wielu ludzi czeka na ciebie, abyś otworzył usta. Cierpią z powodu trudności i zmierzają w stronę piekła. Jakże okropne byłoby to, jeśli będą prześladowani na wieki po zakończeniu trudnego życia na ziemi? Dlatego, dzieci Boże muszą z odwagą głosić ewangelię ludziom.

Bóg będzie zadowolony, kiedy dzięki mocy Pana, ludzie, którzy mieli umrzeć zyskają życie, a ludzie, którzy cierpią zostaną uwolnieni. Bóg da im bogactwo i zdrowie, mówiąc: „Jesteś moim dzieckiem które daje mi radość." Ponadto, Bóg pomoże im zdobyć wiarę wystarczającą, aby wejść do Nowego Jeruzalem, gdzie znajduje się tron Boży. Poza tym, czy ludzie, którzy usłyszeli dobrą nowinę i przyjęli Jezusa dzięki tobie, nie będą ci wdzięczni za to, co dla nich zrobiłeś?

Jeśli ludzie w ciągu swojego życia na ziemi nie posiądą wiary wystarczającej, aby dostąpić zbawienia, nigdy nie będą mieć drugiej szansy, kiedy trafią do piekła. Pośród wiecznego cierpienia i agonii, mogą jedynie żałować i lamentować na wieki.

To, że usłyszałeś ewangelię i przyjąłeś Zbawiciela oznacza, że wcześniej praojcowie wiary poświęcili swoje życie głoszeni – byli zabijani mieczem, padali ofiarą głodnych bestii lub ponosili męczeńską śmierć, głosząc dobrą nowinę.

Dlaczego Bóg miłości musiał przygotować piekło

W takim razie, co powinniśmy czynić, wiedząc, że zostaliśmy ocaleni od okrucieństwa piekła? Musimy starać się prowadzić dusze drogą zbawienia prosto w ramiona Jezusa. W 1 Liście do Koryntian 9,16 apostoł Paweł wyznaje: *„Nie jest dla mnie powodem do chluby to, że głoszę Ewangelię. Świadom jestem ciążącego na mnie obowiązku. Biada mi, gdybym nie głosił Ewangelii!"*

Mam nadzieję, że wyjdziesz do świata z palącym pragnieniem zbawienia wielu dusz, aby uniknęły wiecznej kary i okrucieństwa piekła.

Dzięki tej książce dowiedziałeś się sporo na temat wiecznego, okropnego i ohydnego miejsca zwanego piekłem. Modlę się, abyś poczuł miłość Boga, który nie chce stracić ani jednej osoby, pragnie, abyś był czujny w swoim chrześcijańskim życiu oraz głosił ewangelię każdemu, kto potrzebuje ją usłyszeć.

W oczach Bożych jesteś cenniejszy niż cały świat i bardziej wartościowy niż wszystko we wszechświecie, ponieważ zostałeś stworzony na Jego podobieństwo. Dlatego nie możesz stać się niewolnikiem grzechu, sprzeciwiać się Bogu i skończyć w piekle, lecz powinieneś stać się prawdziwym dzieckiem Boga, które chodzi w światłości, zachowuje się i żyje zgodnie z prawdą.

Z taką samą radością, z jaką stwarzał Adama, Bóg patrzy na ciebie teraz. Pragnie, abyś zdobył szczere serce, dojrzał w wierze i osiągnął pełnię Chrystusa.

W imieniu Jezusa modlę się, abyś chętnie przyjął Jezusa

Chrystusa i otrzymał błogosławieństwa oraz władzę jako cenne dziecko Boże, abyś mógł odegrać rolę soli i światłości na świecie oraz poprowadzić wielu ludzi do zbawienia.

Author:
Dr. Jaerock Lee

Dr Jerock Lee urodził się w 1943 roku w Muan, w prowincji Jeonnam, w Republice Korei. Kiedy skończył 20 lat cierpiał z powodu wielu różnych nieuleczalnych chorób przez siedem lat i czekał na śmierć zupełnie pozbawiony nadziei na wyzdrowienia. Pewnego dnia, wiosną 1974 roku, jego siostra przyprowadziła go do kościoła, i kiedy uklęknął, aby się pomodlić, Żywy Bóg natychmiast uzdrowił go ze wszystkich chorób.

Dzięki temu doświadczeniu, Dr Lee poznał prawdziwego żyjącego Boga, pokochał Go całym swoim sercem i w 1978 został powołany na sługę Bożego. Gorliwie modlił się o jasne i pełne zrozumienie woli Bożej, zrealizowanie Jego misji oraz posłuszeństwo wszystkim słowom Boga. W 1982 roku założył Centralny Kościół Manmin w Seulu w Korei, gdzie miały miejsce niezliczone dzieła Boże, łącznie z uzdrowieniami i cudami.

W 1986 roku Dr Lee został ordynowany na pastora podczas dorocznego zjazdu Kościoła Koreańskiego i cztery lata później, w 1990 roku, rozpoczęto emisję jego kazań w Australii, Rosji, na Filipinach i w wielu innych miejscach przez firmę Far East Broadcasting Company, Asia Broadcast Station oraz chrześcijańskie radio Washington Christian Radio System.

Trzy lata później w 1993 roku, Centralny Kościół Manmin został wybrany jako jeden z najbardziej popularnych kościołów na świecie przez amerykański magazyn chrześcijański „Christian World", a pastor Lee otrzymał tytuł doktora honorowego Honorary Doctorate of Divinity od chrześcijańskiego college'u na Florydzie w Stanach Zjednoczonych. W 1996 roku otrzymał również tytuł doktora od teologicznego seminarium Kingsway w Iowa, w Stanach Zjednoczonych.

Od 1993 Dr Lee zaczął prowadzić światową misję w Tanzanii, Argentynie, Los Angeles, Baltimore, Hawajach i w Nowym Jorku w Stanach Zjednoczonych, Ugandzie, Japonii, Pakistanie, Kenii, na Filipinach, w

Hondurasie, Indiach, Rosji, Niemczech, Peru, Demokratycznej Republice Kongo, Izraelu i Estonia. Informacja o jego misji w Ugandzie została wyemitowana w CNN, natomiast izraelskie ICC informowało o misji kościoła w Jerozolimie. Na antenie wygłosił komentarz, że Jezus Chrystus jest Mesjaszem. W 2002 roku został nazwany „pastorem światowym" przez największą chrześcijańską gazetę w Korei ze względu na jego prace misyjne na całym świecie.

We listopad 2017 Centralny Kościół Manmin miał już ponad 130,000 członków. Na całym świecie jest 11,000 kościołów, włączając w to 56 kościoły w wielkim miastach samej Korei. Na ten moment 98 ośrodki misyjne zostały założone w 26 krajach, takich jak na przykład Stany Zjednoczone, Rosja, Niemcy, Kanadam Japonia, Chiny, Francja, Indie, Kenia i wiele innych.

Dr Lee napisał już 110 książek. Wiele z nich stało się bestsellerami: *Poczuć Życie Wieczne przed Śmiercią, Moje Życie, Moja Wiara I & II, Przesłanie Krzyża, Miara Wiary, Niebo I & II, Piekło*, oraz *Moc Boża*. Jego książki zostały pretłumaczone na ponad 76 języki.

Jego artykuły publikowane są w: *The Hankook Ilbo, The JoongAng Daily, The Dong-A Ilbo, The Chosun Ilbo, The Seoul Shinmun, The Hankyoreh Shinmun, The Kyunghyang Shinmun, The Korea Economic Daily, The Shisa News,* oraz *The Christian Press*.

Dr Lee jest obecnie przewodniczącym wielu organizacji misyjnych oraz stowarzyszeń takich jak na przykład: Chairman, The United Holiness Church of Jesus Christ; Permanent President, The World Christianity Revival Mission Association; Founder & Board Chairman, Global Christian Network (GCN); Founder & Board Chairman, World Christian Doctors Network (WCDN); and Founder & Board Chairman, Manmin International Seminary (MIS).

Inne książki autora

Niebo I & II

Szczegółowy opis wspaniałego życia, które jest udziałem mieszkańców nieba, cieszących się pięknem królestwa niebieskiego.

Przesłanie Krzyża

Potężne przesłanie pobudzające do myślenia dla ludzi, którzy są w duchowym śnie! W niniejszej książce znajdziesz powód, dla którego tylko Jezus jest Zbawicielem oraz odczujesz prawdziwą miłość Bożą.

Miara Wiary

Jakie schronienie, korona i nagrody czekają na Ciebie w niebie? Niniejsza książka da Ci możliwość, abyś z mądrością i wskazówkami Bożymi sprawdził swoją wiarę, aby następnie zbudować wiarę lepszą i dojrzalszą.

Poczuć Życie Wieczne przed Śmiercią

Wspomnienia Dra Jaerock Lee, który narodził się na nowo i został uratowany z doliny cienia śmierci, a obecnie prowadzi idealne i przykładne życie chrześcijańskie.

Moje Życie, Moja Wiara I & II

Niezwykły aromat życia duchowego wydobyty dzięki osobie, której życie rozkwitło w otoczeniu nieograniczonej miłości do Boga, pomimo ciążącego jarzma, ciemności i rozpaczy.

www.urimbooks.com

www.ingramcontent.com/pod-product-compliance
Lightning Source LLC
LaVergne TN
LVHW011949060526
838201LV00061B/4266